VOCÊ ERRA TODAS AS TACADAS QUE NÃO DÁ

Uma Lição de Liderança

VOCÊ ERRA TODAS AS TACADAS QUE NÃO DÁ

Uma Lição de Liderança

Jefferson Leonardo

Copyright© 2013 by Jefferson Leonardo

Todos os direitos desta edição reservados à Qualitymark Editora Ltda.
É proibida a duplicação ou reprodução deste volume, ou parte do
mesmo, sob qualquer meio, sem autorização expressa da Editora.

Direção Editorial	Produção Editorial
SAIDUL RAHMAN MAHOMED editor@qualitymark.com.br	EQUIPE QUALITYMARK

Capa	Editoração Eletrônica
EQUIPE QUALITYMARK	APED-Apoio e Produção Ltda.

CIP-Brasil. Catalogação-na-fonte
Sindicato Nacional dos Editores de Livros, RJ

L596v

Leonardo, Jefferson
Você erra todas as tacadas que não dá : uma lição de liderança /
Jefferson Leonardo. 1. ed. – Rio de Janeiro : Qualitymark Editora, 2013.
232 p. : il. ; 21 cm

Inclui bibliografia
ISBN 978-85-414-0061-9

1. Liderança. 2. Empresários. 3. Administração de empresas.
I. Título.

13-00308
CDD: 658.4092
CDU: 65:316.46

2013
IMPRESSO NO BRASIL

Qualitymark Editora Ltda.	QualityPhone: 0800-0263311
Rua Teixeira Júnior, 441 – São Cristóvão	www.qualitymark.com.br
20921-405 – Rio de Janeiro – RJ	E-mail: quality@qualitymark.com.br
Tel.: (21) 3295-9800 ou 3094-8400	Fax: (21) 3295-9824

Agradecimentos

As mudanças de moradia pelas quais minha família passou, durante o meu período de dependência, distanciaram primeiro os amigos de infância, depois os amigos da adolescência; e a minha própria mudança para o Sul, os amigos da juventude, permanecendo não mais que dois amigos desses bons tempos.

Inesperadamente, o golfe resgatou minha carência de amizades, propiciando um novo e encantador encontro de pessoas que hoje admiro e são meus novos amigos dentro e fora do Gramado Golf Club. Por contribuírem com sua paciência, ensinamentos, companheirismo e fervorosos debates golfísticos, agradeço aos amigos: Adriana Kunz, Álvaro Masotti, Álvaro Miller, Américo Bender, Anderson de Oliveira, André Kruse, Antônio Baldi Filho, Carlos Nelz, Cesar Dudzig, CristinaBaldi, Diego Rodrigues, Edison Sperb, Elvis Dalarosa, Henrique Unterleider, Jeferson Zatti, Joel Pereira, Kaneyoshi Ueno, Luis Baumgarten, Márcio Sorgetz, Marino Rodrigues, Paulo Schmidt, Raul Kruse, Renato Coelho, Ricardo Kunz, Rômulo Kunz, Rubem Kunz, Stephan Kunz, Shigeko Ueno, Tiago Rodrigues e Valéria Kunz.

A um grande e novo amigo, pela inteligência, dedicação, apoio e por nunca desistir, o meu entusiasmado agradecimento a Mahomed e a toda competente equipe da Qualitymark Editora.

Em especial, à minha mãe Maria, com seus 83 anos de lucidez, crença em Deus e vivacidade, por me orientar e mostrar o caminho certo de tudo e com todos. Em memória, ao meu pai Palmiro Leonardo, como meu professor de dignidade, responsabilidade e dedicação ao trabalho.

À minha família Paula e Yuri, por saberem administrar minhas angústias e ansiedades no dia a dia do nosso convívio. Sem esse apoio nada seria possível.

A Deus, por perdoar todos os meus erros e prevaricações. Agradecer a ele pelas coincidências que me ofereceu em vida, pois diz um provérbio judeu que, coincidências são pequenos milagres onde Deus prefere não aparecer.

Prefácio

Tenho o prazer de apresentar a você, leitor, um profissional diferenciado que reúne um conjunto de qualificações raro de ser encontrado na cultura do "pensamento raso" que predomina nos dias atuais – o consultor, palestrante e autor Jefferson Leonardo.

Ele consegue, neste livro, uma síntese bastante peculiar. Normalmente, os livros sobre Administração e Gestão são tecnicistas e áridos, com linguagem hermética e acessível apenas para os profissionais do ramo ou descambam para a tentação do apêlo fácil, sem conteúdo relevante para quem exerce a profissão e tem de lidar com os desafios deste mundo empresarial em reconfiguração.

Jefferson Leonardo, neste livro, consegue com maestria nos colocar diante de grandes dilemas comportamentais e circunstâncias inusitadas através da metáfora da Arte do Golfe, relatando histórias e situações do mundo real de uma forma agradável e instigante, provocando a nossa reflexão.

O livro trata, dentre outros temas, de um relevante "Calcanhar de Aquiles" das nossas empresas: a "execução", o "fazer acontecer", "tirar sonhos do papel" e transformá-los em realidade. Aprendemos com os líderes empresariais responsáveis por negócios, que o maior obstáculo não reside mais apenas na falta de Capital, Mercado ou de Tecnologia, mas nas Pessoas, que precisam adotar um conjunto de atitudes que são também imprescindíveis para o sucesso no jogo do golfe: Foco, Disciplina, Visão do todo, Harmonia, Maestria no uso dos instrumentos e ferramentas, Paciência, Determinação, Autoconfiança e Paixão. São temas abordados com clareza e propriedade pelo autor do livro.

Mais claro que em jogos coletivos – futebol, basquete, vôlei, beisebol, dentre outros – quando muitas vezes coloca-se a culpa por fracassos ou a responsabilidade nos outros, o golfe nos ensina a assumir as rédeas do nosso próprio destino. Como bem salienta o autor, no golfe não há muito espaço para o "Se" ou para o "Mas". Jefferson também salienta que no golfe existe o que chama de "a síndrome do lago e da areia", quando há um lago a frente do jogador e/ou quando a sua bolinha cai na banca de areia antes do *green*. Esses obstáculos incomodam terrivelmente e abalam o emocional dos jogadores; aqueles que ficarem com receios da possibilidade de não ultrapassar o lago ou de dar uma tacada e a bolinha não sair da banca, estarão com sérias dificuldades de recuperação da sua autoconfiança para continuar o jogo. E você, leitor, qual o "lago" ou a "banca de areia" que podem estar paralisando você e impedindo de dar sua tacada perfeita na carreira ou na realização dos objetivos da empresa onde trabalha?

Já comecei a usar na prática o conteúdo deste livro, desde que o Jefferson me confiou os originais. Como era o penúltimo mês do ano passado, comecei a fazer minha lista de desejos e sonhos a realizar, mas também um balanço sobre o que consegui realizar no ano anterior. Cheguei à conclusão que ERREI TODAS AS TACADAS QUE NÃO DEI. E me comprometi, no ano que se inicia, a lutar ainda mais pelos objetivos que desejo alcançar e não temer eventuais erros em algumas tacadas que preciso dar.

Você, leitor, que agora tem este livro em mãos, aproveite-o bem. Saboreie cada capítulo. Vá refletindo, tirando suas próprias conclusões. Torço para que você, inspirado pelos ensinamentos do Jefferson, perceba melhor o campo da sua atuação, o escopo da sua vida, os sonhos e objetivos que precisa realizar e que consiga dar suas "tacadas perfeitas" em harmonia com as circunstâncias peculiares do momento em que vivemos e em equilíbrio com as diferentes dimensões da sua vida – a profissional, a pessoal, a familiar, a espiritual, a social, a ambiental, os amigos. Enfim, desejo que consiga ter sucesso e ser feliz!

Cesar Souza
Presidente Empreenda Consultoria, autor de *Você é do tamanho dos Seus Sonhos*, *Você Merece uma Segunda Chance* e *Você é o líder da Sua vida*.
Em 2011, lançou A NEOEMPRESA.

P.S.: após ler o livro, sugiro que assista ao filme LENDAS DA VIDA. Ambos irão mudar a sua forma de agir.

Sumário

Agradecimentos — V
Prefácio — VII
Introdução — a Ânsia de Aprender — XIII

Livro I — O Poder da Confiança — 1
A Equação da Confiança — 9
Premissas da Confiança — 11
Dimensões da Autoconfiança — 16
  1. Dimensão da Integridade: — 17
  2. Dimensão da Intenção: — 18
  3. Dimensão da Capacitação: — 25
  4. Dimensão do Resultado: — 29
A Conta Bancária da Confiança — 30
Confiança Inteligente — 32
Comportamentos da Autoconfiança — 36

Livro II — Às Vezes, Menos é Mais — 39
Os Eixos da Disciplina — 48
Os 7 Fatores da Excelência — 49
  1. Um Líder de Nível 5 — 49
  2. Primeiro Quem... Depois o Quê — 57
  3. Enfrentar a Verdade "Verdadeira" — 61
  4. O Paradoxo Stockdale — 66
  5. Conceito Porco-espinho — 67
  6. Cultura da Disciplina — 73
  7. A Tecnologia como Acelerador — 77
Livro III — A Execução: como Fazer Acontecer — 81
As 3 Premissas da Execução — 85
  Primeira Premissa — Execução: uma Disciplina — 85
  Segunda Premissa — Execução: a Principal Tarefa do Líder — 90
  Terceira Premissa — Execução: Criando uma
          Cultura de Execução — 93

Sete Comportamentos do Líder Executor 94
Qualidades-chave do Líder Executor 99
Os Processos da Execução 101

Livro IV — Os Hábitos da Eficácia 105
  Os Sete Hábitos das Pessoas Altamente Eficazes 113
    1º Hábito — Seja Proativo 113
    2º Hábito — Comece com o Objetivo em Mente 115
    3º Hábito — Primeiro o mais Importante 117
    4º Hábito — Pense Ganha/Ganha 122
    5º Hábito — Procure Primeiro Compreender,
               Depois ser Compreendido 123
    6º Hábito — Crie Sinergia 126
    7º Hábito — Afine o Instrumento 128
  As Quatro Dimensões da Natureza Humana 128

Livro V — A Grandeza 133
  Os Três Atributos da Pessoa Integral 141
  Os Pilares da Pessoa Integral 142
  O Líder Integral 142
  Os Três Tipos de Grandeza 146

Livro VI — Uma História: Você Erra Todas as Tacadas que Não Dá! 153

Apêndice — Conhecendo o Golfe:
          Origem, Peculiaridades e Glossário 201

  A Origem 203
  As Regras 204
  A palavra GOLFE 204
  O Objetivo do Jogo 205
  O Adversário 205
  O Equipamento 205
  A Bola 206
  A Vestimenta 207
  O Campo 207
  A Amizade 208
  O Jogador 208
  Glossário Básico do Golfe 209

Referências Bibliográficas 213

Introdução — a Ânsia de Aprender

Até hoje fico aflito por aprender coisas novas, principalmente nos campos artístico, esportivo e/ou informática, como nesse momento gostaria de aprender a voar de asa delta, modelar em argila bonecos satirizados jogando golfe, ser um exímio usuário do Photoshop, CorelDraw e editor profissional de vídeo, mas essas coisas demandam tempo e dedicação, fugindo do meu foco de atuação.

Fico dividido e muito inclinado a destruir o meu foco, sendo superado pela disciplina dos objetivos traçados anualmente. Para saciar esse imenso desejo de aprender, acrescento, no meu planejamento anual, uma meta diferenciada, dando-me o direito de aprender alguma coisa totalmente diferente e distante da minha área, e foi no ano de 2009 que inclui o objetivo de aprender a jogar golfe.

Curiosamente, quase todas as coisas que aprendi nessas metas diferenciadas, as conjuguei no meu trabalho de alguma forma, e nesse aprendizado do golfe não foi diferente. Um radiante dia de sol, no final de um jogo com os amigos, com muitas conversas de *performance* de tacadas no restaurante do clube, me dei conta de quanta semelhança havia entre o golfe e o mundo corporativo com sua administração, gestão e governança. Nesse momento nasceu a ideia de escrever esse livro, incluindo-o como um dos objetivos anual, exigindo uma pesquisa cuidadosa do golfe e quais vieses da liderança, gestão e governança encaixavam-se de forma simbólica e metafórica.

O resultado foi de inúmeras coincidências. Você, leitor, poderá aprender jogadas e tacadas de diversos temas como: liderança servidora, hábitos das pessoas eficazes, o poder da confiança, execução diferenciada, foco na superação dos desafios, trabalho em equipe de alta *performance*, tomada de decisão assertiva, aprendizagem com os erros e acertos, entender que menos é mais, e a grandeza dos líderes e da pessoa integral, entre outros ensinamentos.

No final do livro você encontrará o apêndice "Conhecendo o Golfe", um complemento importante para conhecer a origem, regras, equipamento, vestimenta, campo, peculiaridades e o glossário do golfe, contribuindo e facilitando a leitura e a compreensão do livro.

Divirta-se e aprenda com a leitura!

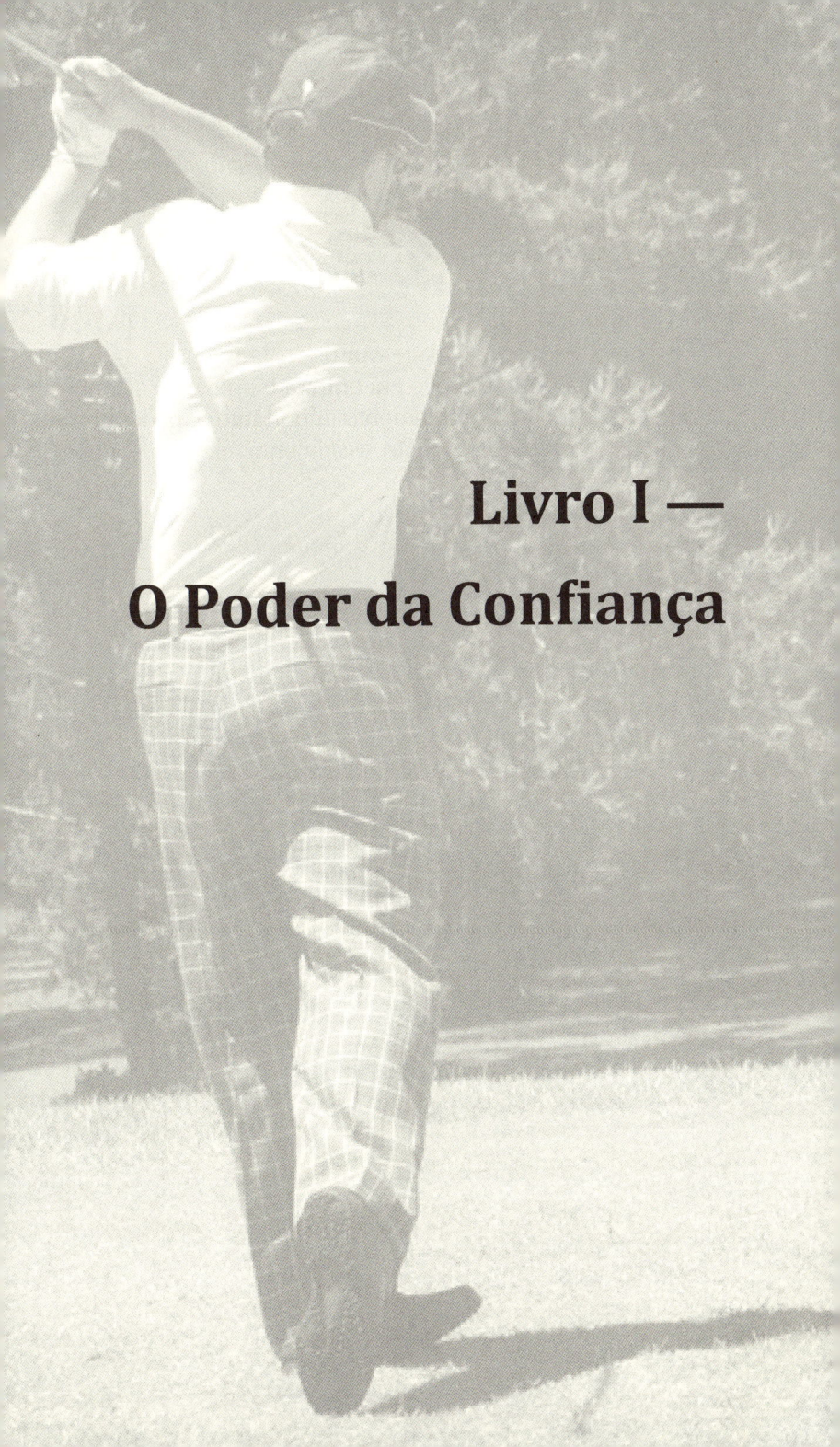

Livro I —
O Poder da Confiança

A analogia entre confiança e golfe desse capítulo está apoiada no livro *O Poder da Confiança*, de Stephen M. R. Covey.

É imprescindível, a qualquer esporte, o praticante estar preparado tecnicamente, fisicamente e mentalmente para obter bons resultados e, consequentemente, gloriosas conquistas. O mesmo conceito está sendo usado no mundo empresarial. Essa preocupação, em várias organizações, era somente aos executivos e profissionais de alto escalão, oferecendo-lhes benefícios diferenciados e preventivos à saúde física e metal, complementada com a saúde técnica através da capacitação, treinamento e *coaching*, na busca constante da alta *performance* com programas gerenciados pela área de gestão de pessoas.

A crescente e consciente preocupação das organizações, nos diversos níveis, com a saúde completa das pessoas que produzem seu lucro, ampliou os benefícios médicos, nutricionais, psicológicos e técnicos, incluindo academia de musculação, acupuntura, massagem, terapias e universidades corporativas, com avaliação e orientação de profissionais especializados e qualificados, focada na busca preventiva da saúde completa dos seus atletas corporativos e a garantia de resultados sustentados.

Para um golfista essa completa condição física, mental e técnica é fundamental para suportar os 6 a 7 quilômetros de caminhada e mais de 70 tacadas embaixo de forte calor, muitas vezes, com temperaturas acima de 30 graus, ou dependendo do lugar, abaixo de zero grau, exigindo excelente preparo para terminar a partida inteiro e saudável fisicamente e mentalmente. O bom desempenho de um jogador e/ou atleta corporativo só poder ser conquistado visualizando-o como uma pessoa completa.

Para compreender o conceito de "pessoa completa", Covey, com propriedade, descreve-a em quatro dimensões: mente, corpo, coração e espírito:

- A *mente* é o local onde acontece a necessidade do aprendizado, oferecendo a habilitação e o aperfeiçoamento técnico de um jogar de golfe e/ou um atleta corporativo;

- O *corpo* representa o viver com saúde, com os cuidados para manter seu excelente condicionamento físico, para suportar o dia a dia;

- O *coração* está inserido o ser amado e ter paixão pelo que faz. Somente com esses ingredientes se alcança a realização.

- O *espírito* está interconectado à confiança, quer seja para inspirar confiança em outras pessoas ou na sua própria autoconfiança, possibilitando a conquista de um legado de vida pessoal e profissional.

O conceito de pessoa completa está deficiente no mundo corporativo, principalmente nas dimensões coração e confiança, por isso, nesse capítulo, iremos nos concentrar sobre a importância da confiança e da autoconfiança para o sucesso na carreira ou na prática do golfe. Em uma partida de golfe são, no total, 18 oportunidades de ser testada a confiança e, significativamente a autoconfiança, em mais de 70 tacadas e na superação dos diversos desafios e obstáculos do campo.

Um jogador de golfe com *handicap* 18 (considerado mediano), com técnica apurada e excelente condicionamento físico pode ser destruído pela falta de confiança em sua primeira tacada, e ter reflexos terrificantes por algum tempo, às vezes até por algumas semanas. Todo jogador cria um ritual antes de bater na bola, com o propósito de concentrar-se e adquirir confiança para uma boa tacada, sendo o mais comum a sequência de colocar a bolinha na posição e altura desejada em cima do *tee*, ir para traz da bola e determinar, visualmente, o local desejado para a bola cair, analisando o vento e os obstáculos a ser ultrapassados estrategicamente como, por exemplo, uma árvore, monta o seu *grip* (posição das mãos no taco), posiciona-se paralelamente à bola e na direção projetada anteriormente, faz um *swing* de treino fora da bola, exatamente como se estivesse fazendo a tacada oficial, mentalizando a força, a velocidade, o *swing* perfeito, sem tirar o olho da bola e com sua total autoconfiança, finalmente, executa a primeira tacada do torneio.

Nesse momento, ao seu lado, mais três jogadores que irão disputar o mesmo troféu em sua categoria, e em sua volta mais quatro jogadores, os próximos a saírem do *tee* e muitas outras pessoas, simples expectadores em total silêncio aguardando a tacada ser executada. Com todos esses olhares, escuta-se a batida do taco na bolinha e como resultado final um profundo mergulho da bola no lago a menos de 10 jardas à sua frente.

O silêncio feito por todos à sua volta continua, e o resultado da tacada fica eternizada na mente do jogador; seu semblante demonstra nitidamente a sua indignação e a decepção da sua infeliz tacada para iniciar o torneio. Aquela tacada, para a qual se preparou por toda semana, com aulas, leituras, vídeos e treinos especiais em relação às deficiências detectadas no final de semana anterior.

Seus ombros e sua cabeça caem; seu andar, para dar passagem ao próximo batedor, é lento, e a única coisa que não dá para enxergar é o que se passa na mente desse jogador, mas dá para ter certeza de que sua confiança acaba de ser destruída, a insegurança toma conta do seu ser e possivelmente a pergunta que está martelando em sua consciência é: *o que fiz de errado? Mesmo s*em a resposta, ele sabe que em poucos minutos terá que bater novamente do mesmo local, e fazer tudo o que fez anteriormente; a única mudança é a nova bolinha à sua frente, porque a anterior está no fundo do lago e da sua autoconfiança.

Nem tudo está perdido! O jogador pode acreditar que ainda há uma grande esperança e uma nova oportunidade para mudar o resultado, mas dependerá especialmente do seu controle emocional, do seu nível de superação e, principalmente, da recuperação da sua autoconfiança.

O que um jogador de golfe mal sucedido em sua primeira tacada, ou um atleta corporativo com baixo desempenho deverá saber sobre confiança para seguir em frente e transformar um prejuízo em um resultado excelente? A ausência e a negligência na prática da confiança poderão destruir o governo mais poderoso, o negócio mais bem-sucedido, a economia mais próspera, a liderança mais influente, o resultado do melhor jogador, a maior amizade, o caráter mais forte ou o amor mais profundo.

A confiança nos influencia em diversas dimensões de nossa vida, com o poder de sustentar o crescimento e melhorias nos relacionamentos, na liderança, nos empreendimentos, nas negociações e na qualidade em diversas situações pessoais e profissionais, que vivenciamos.

Como definir confiança, já que não é uma coisa tangível, palpável ou material? Jack Welch, ex-CEO da General Electric disse: *"Você sabe o que é confiança quando a sente."*; sentir confiança, nos dias atuais, exige um grande esforço e dedicação. Cientificamente, o Instituto Harris de Pesquisa — USA, identificou em 2005, um baixo nível de confiança em diversas instituições: apenas 22% dos pesquisados tendem a confiar nos meios de comunicação; apenas 8% confiam em partidos políticos; apenas 27% confiam no governo e somente 12% confiam nas grandes corporações. Uma pesquisa recente, conduzida pelo sociólogo britânico David Halpern nos traz uma assustadora revelação: apenas 34% dos americanos acreditam que possa confiar em outras pessoas. Na Inglaterra o índice ficou em 29%, na América Latina este número caí para 23%, e na África cai ao patamar de 18%.

A pesquisa de Halpern demonstra que em diversos lugares a confiança nas pessoas está em declínio, mas na Escandinávia e na Holanda os índices são animadores, ficaram acima dos 60%, que acreditam que podem confiar em outras pessoas. A pesquisa também foi aplicada no meio corporativo, demonstrando expressivo e preocupante declínio dos índices de confiança, analise-os:

- Apenas 51% dos empregados confiam nos líderes seniores.
- Somente 36% dos empregados acreditam que seus líderes agem com honestidade e integridade.
- 76% dos empregados viram, em suas empresas, condutas ilegais ou contrárias à ética no trabalho – condutas essas que, se viessem à nota, afetariam seriamente a confiança pública da empresa.

Um estudo feito pela Watson Wyatt constatou que, o retorno e a lucratividade nas organizações de alto grau de confiança são quase três vezes maiores do que em organizações de baixo nível de confiança, representando aproximadamente 300% de resultado superior. Com certeza você está refletindo sobre os baixos percentuais apresentados e se perguntando: qual seria o percentual de confiança na minha empresa, no meu setor ou em minha comunidade?

Ao invés de examinarmos a situação de confiança pela janela, sugiro olharmos para o espelho e analisarmos um pouco de nós mesmos. Frequentemente, assumimos diversos compromissos e promessas no final do ano, com todos os seus parentes testemunhando falácias do tipo: começar uma dieta, parar de fumar, iniciar a academia, voltar a estudar entre outras dezenas de desejos, que muitas vezes não conseguimos cumpri-los. Pense! Se não conseguimos cumprir as promessas que fazemos para nós mesmos, podemos concluir facilmente que, não podemos confiar em nós mesmos, imagine como será confiar nas outras pessoas!

A Equação da Confiança

Julgamo-nos por meio de nossas intenções e julgamos os outros pelo comportamento apresentado e por nós interpretado. Crescentemente vivenciamos crises de confiança com profunda consequência no nível social, institucional, organizacional, relacional e pessoal. O efeito dos acontecimentos, escândalos e noticiário diário são desconfortantes, aumentando a desconfiança nas outras pessoas, projetando o comportamento de uma minoria sobre a maioria, pagando caro pela velocidade com que as coisas podem acontecer e, aumentando os custos em todas as ações.

Basta refletir sobre sua atitude ao comprar um eletrodoméstico, pagar o conserto no seu carro ou uma negociação com fornecedor, quando você não conhece a pessoa e não tem nenhuma indicação. Pense o quanto de desconfiança passa por sua mente, a dificuldade que você sente em fechar a negociação, o quanto mais fica demorado para você tomar uma decisão e também no aumento dos seus custos buscando informações, referências e outras ações na tentativa de buscar a confiança para a tomada de decisão.

Covey trata esse assunto com a *"equação da confiança"*, vejamos:

Quando a confiança é baixa, a velocidade é reduzida e os custos sobem.

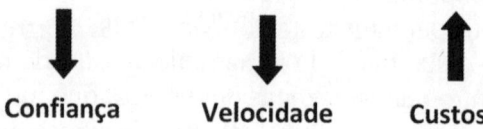

Quando a confiança cresce, a velocidade aumenta e os custos diminuem.

Confesso que quando tomei conhecimento dessa equação, fiquei mentalmente dolorido por sua simplicidade e verdade contida nesse conceito, lamentando por não ter aprendido essa forma de enxergar a confiança antes, para aplicar no dia a dia da minha vida pessoal e profissional. Tentarei sintetizar e simplificar os principais conceitos sobre confiança identificados por Covey.

Para iniciar, vale a pena desmistificar os mitos sobre a confiança ou desconfiança. A tabela abaixo relaciona alguns mitos que dificultam o entendimento e a maneira de agir, eficientemente, nas questões de confiança, comparando-os às suas realidades:

Mito	Realidade
A confiança é intangível.	A confiança é tangível, real e quantificável. Ela afeta de forma mensurável tanto a velocidade quanto o custo.
A confiança é lenta.	Nada é tão rápido quanto à velocidade da confiança.
A confiança é construída unicamente sobre a integridade.	A confiança é uma função tanto do caráter (incluindo a integridade), quanto à competência.
Ou você confia ou não confia.	A confiança tanto pode ser edificada como destruída.
Uma vez perdida, a confiança não pode ser recuperada.	Embora seja difícil, na maioria dos casos a confiança perdida pode ser recuperada.
Você não pode ensinar confiança.	A confiança pode ser ensinada e aprendida eficazmente, e pode se tornar uma vantagem estratégica multiplicadora.
Confiar nas pessoas é demasiadamente arriscado.	Não confiar nas pessoas é um risco maior.
A confiança é estabelecida com uma pessoa de cada vez.	A confiança estabelecida com uma pessoa multiplica-se entre muitas.

Muitos são os preconceitos das pessoas. Eles inibem novos comportamentos, posturas e atitudes para melhorar a vida e os relacionamentos. Tome cuidado com os mitos e os preconceitos sobre confiança, e passe a viver melhor.

Premissas da Confiança

É comum, quando entra em cena o tema confiança, as pessoas conduzirem esse assunto apenas pelo lado do caráter da pessoa, a ética nas suas ações, a sinceridade e o comprometimento com suas responsabilidades. Antes de apresentar os dois lados da confiança, será interessante uma pequena reflexão. Responda as perguntas:

— Em quem você confia totalmente?
— Por que você confia nessa pessoa?
— O que existe nesse relacionamento que faz você confiar nessa pessoa?

Como provocação, continuo com as seguintes perguntas:

— Quem você acha que confia totalmente em você?
— Quem você acredita que confia em você é de sua família? Do trabalho? Um recém-conhecido? Alguém que você conhece há muito tempo?
— Quais características suas fazem com que os outros confiem em você?

Para desfazer o mito que a confiança é construída unicamente sobre a integridade, uma experiência descrita no livro *O Poder da Confiança*, facilita a compreensão sobre os dois lados da confiança, vejamos:

Em um determinado momento, a esposa de Stephen, chamada Jeri, teve que se submeter a uma cirurgia. Mesmo havendo um excelente relacionamento e plena confiança um no outro, pelos vários anos de convivência, quando chegou a hora de fazer a cirurgia, a esposa não pediu a opinião do marido, porque ele não é médico, não possui habilidades e competências para opinar. Mesmo confiando totalmente no Stephen, na maioria dos assuntos pessoais, familiares e até profissionais, ela não confiou a ele a opinião e sequer a própria cirurgia.

A confiança é uma forma poderosa de inspirar e motivar as pessoas, mas a confiança é função de duas qualidades fundamentais: caráter e competência. Caráter inclui integridade, motivo e intenção com relação ao outro, e a competência inclui conhecimentos, habilidades, antecedentes e realizações de resultados.

Você talvez acredite que a pessoa seja sincera e honesta em tudo que faz, mas você não confiará plenamente nessa pessoa se, comprovadamente, ela não produziu resultados eficazes. O mesmo acontece se você estiver com uma pessoa com grande habilidade, enorme talento e antecedentes de excelentes resultados; mas se ela demonstrou desonestidade, com toda certeza você não confiará nessa pessoa.

Além do caráter, o lado da competência é vital para estabelecer uma relação de confiança com outra pessoa. Quando alcançamos, ou até superamos, nossas metas, o líder passa a confiar em nós, a organização confiará no líder e na equipe, os nossos colegas de trabalho confiarão mais em você, enfim, todos os envolvidos confiarão em você.

O mesmo acontece no golfe, quando você dá a primeira tacada e a bola vai além do objetivo visualizado, você percebe que o seu swing foi bom, o impacto na bola foi perfeito, o tempo e a velocidade foram ótimos, tendo como consequência os elogiosos comentários dos seus amigos em volta do *tee* e os aplausos dos expectadores; agregado à sua postura de humildade e agradecimento profundo, sua convicção é ampliada, aumentando sua autoestima e sua autoconfiança para a próxima tacada, e até mesmo para vencer o torneio.

Ficam evidentes, na postura e no resultado, as possibilidades de ser uma pessoa de confiança, sendo assediado pelos colegas para ser parceiro no próximo torneio de duplas. Quando se trata de liderança, fica fácil dizer que o caráter é aquilo que o líder é, e aquilo que o líder faz, corresponde à sua competência.

A figura a seguir mostra, claramente, os elos na formação da confiança.

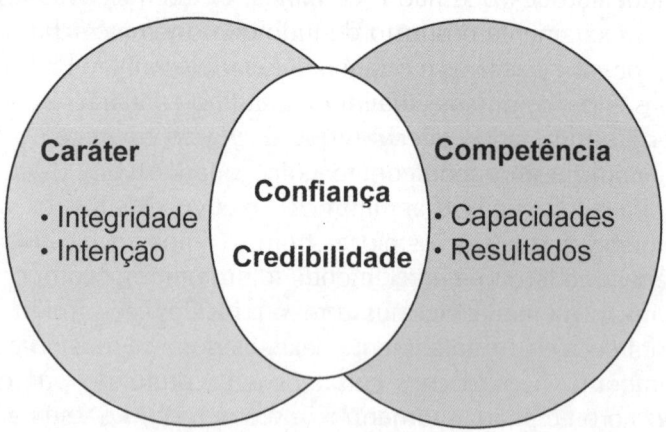

O princípio da credibilidade (palavra derivada do latim *credere*, que quer dizer acreditar), está embasado em uma abordagem de dentro para fora. Para conquistar a confiança dos outros, devemos começar primeiro conosco. Um bom exemplo que o livro nos brinda para entender esse conceito é a seguinte situação: Imagine que você está em um tribunal. Você foi convocado como perito e o advogado de acusação tenta convencer o júri de que você é uma testemunha confiável. O que o advogado tenta provar? Em primeiro lugar, que você é uma pessoa íntegra – que é honesto e coerente, que tem uma reputação de ser uma pessoa sincera e que não mente. Segundo, que você está dotado de boas intenções; que não está tentando enganar nem proteger quem quer que seja; que não tem qualquer motivo nem segundas intenções que manchariam seu testemunho. Em terceiro lugar, que suas credenciais são excelentes, que você, de fato, possui a *expertise*, o conhecimento, a habilidade e a capacidade na área sobre a qual irá testemunhar. Em quarto lugar, que você tem bons antecedentes, e no passado você comprovou em outras situações, de maneira eficiente, suas capacitações e conhecimentos e que existem boas razões para acreditar que você fará o mesmo agora.

O advogado de defesa levanta-se e tenta convencer o júri de que você não é confiável. O que ele tentará provar? Exatamente o oposto de tudo que descrevemos acima. A confiança acontece quando se estabelece às quatro questões: sua integridade, sua intenção, suas capacitações e seus resultados. Nessas questões que se determina a credibilidade como pessoa, líder, organização e golfista.

Cada vez que assumimos e cumprimos nossos compromissos e objetivos, tornamo-nos dignos de crédito. A cada realização e cumprimento de promessas, ficamos mais confiantes, mais determinados e crentes em nós mesmos. A confiança não está somente nas coisas grandiosas; ela está, também, nas pequenas coisas do seu cotidiano. Uma simples promessa de retornar um telefonema ou um e-mail não cumprido poderá abalar a confiança da outra pessoa. Um pequeno acordo de horário de chegada ou de saída, se não cumprido, poderá criar desconfiança.

Uma mentira miúda, aparentemente na intenção de não magoar alguém, poderá ter sérias consequências em sua credibilidade. As grandes ou pequenas promessas não cumpridas podem oferecer descrédito por longos períodos, mas o que chama nossa atenção é a revelação de uma pesquisa constatando que apenas 8% das pessoas realizam as promessas feitas no ano novo. Com esse baixo percentual, fico imaginando como fica a autoconfiança de alguém que não consegue cumprir suas próprias promessas, que são direcionadas para o seu próprio bem e felicidade!

Tenha em mente que a autoconfiança é um assunto sobre o qual podemos dominar, administrar e melhorar. Está em nós a decisão de ampliar, renovar e estabilizar a nossa autoconfiança. É um tema que flui de dentro para fora e que podemos determinar os seus resultados no dia a dia, inclusive em uma partida de golfe.

Na situação delicada que narrei sobre o insucesso na primeira tacada do jogador no torneio, com a presença de várias pessoas testemunhando a sua autoconfiança ir para o lixo, pode-se imaginar a dificuldade que foi para ele refazer todo o ritual e a nova tacada, e maior ainda o esforço em reconquistar a sua autoconfiança, tendo pela frente mais 17 buracos e mais de 70 tacadas para acertar.

Se a mente desse jogador criar o paradigma de que esse dia, verdadeiramente, não é o seu dia de sorte; que possivelmente será, constrangedoramente, o último nome no placar do torneio; se acreditar que não conseguirá bater uma bola boa durante os próximos seis quilômetros no campo; se acreditar que todos ficaram observando suas jogadas mal sucedidas, com certeza o resultado será exatamente o projetado em sua mente, e sua autoestima e autoconfiança estarão arruinadas por semanas, e quem sabe até por alguns meses.

No jogo de golfe, você tem muitas oportunidades, é um jogo que lhe desafia buraco a buraco. Igualmente como em outros esportes, o jogo só termina quando chega ao fim, oferecendo a oportunidade de recuperação da sua autoconfiança a cada próxima tacada. O jogador que entender que a tacada executada não tem como retroceder ou mudar o seu resultado, entenderá que, o que vale realmente é a próxima tacada e somente nela deverá se concentrar e fazer o seu melhor, sem remorso da tacada anterior indesejada.

Dimensões da Autoconfiança

O grande segredo para terminar o jogo com sucesso e revigorar a sua reputação está no poder de recuperação da autoconfiança, tacada por tacada. A autoconfiança é o resultado da consciência e prática de quatro dimensões, podendo ser usadas na esfera corporativa, pessoal e inclusive na esportiva.

De forma simplificada vamos ver uma a uma:

1. Dimensão da Integridade:

A integridade é um componente do caráter, sendo comum as pessoas pensarem em integridade como sinônimo de honestidade. Sem dúvida, a honestidade está inserida na integridade, mas não é somente isso, trata-se de praticar o que se fala; é agir com coerência consigo mesmo e com os outros; é ter atitudes de acordo com os seus valores, crenças e princípios. As significativas situações de desconfianças estão vinculadas à integridade das pessoas.

A integridade possui três qualidades igualmente importantes:

- *Coerência*: é quando a pessoa é ela mesma por dentro e por fora; quando as intenções são idênticas aos comportamentos; quando as ideias e exemplos são semelhantes aos fatos; quando as ações são de acordo com os seus princípios e quando o que você pensa, sente, diz e faz é tudo a mesma coisa. Quando há coerência, há confiança.

- *Humildade*: ser humildade não quer dizer ser fraco, reservado ou modesto. Uma pessoa humilde se preocupa em fazer o que é correto do que em fazer a coisa certa; reconhece um princípio e o coloca acima dos seus interesses. Atuar com humildade também corresponde a agir com firmeza e clareza em situações difíceis, não vê a necessidade de ser arrogante, não faz bravatas e nem procura tornar-se a lei em si.

- *Coragem*: é simplesmente agir corretamente mesmo quando a situação é difícil.

Para você aumentar rapidamente a sua integridade, mantenha sua mente aberta e aprenda a assumir e manter compromissos, pequenos ou grandes, consigo mesmo; tendo como consequência o reforço da sua autoconfiança. Toda vez que você assumir um compromisso, lembre-se de que você estará comprometendo a sua integridade.

2. Dimensão da Intenção:

A intenção é um componente do caráter. Têm a ver com os nossos motivos para agir. Quando há preocupação sincera com a outra pessoa e a busca constante de benefícios mútuos, revela a boa intenção e o aumento da confiança com as pessoas que relacionamos. Basta percebemos que uma pessoa não está com boas intenções ou com motivos escusos no agir para desconfiarmos de tudo o que essa pessoa diz, faz ou promete.

O golfe contém diversas regras de ética, com muitos detalhes e especificações de situações, porem com uma curiosidade: é um jogo que não há juiz para fiscalizar, determinar pontuação, julgar dúvidas e/ou arbitrariedade. Esse papel é do próprio jogador que, com o pleno uso do seu caráter, se autodetermina a punição ou a pontuação.

Para exemplificar vou contar uma situação que ocorreu comigo: dei uma tacada, rumo ao buraco 16, no campo de Gramado/RS, em que a bolinha caiu no pé de uma árvore. Nesse caso, a regra diz que quando a bola fica em uma distância inferior a um taco da árvore, a bola não poderá ser deslocada ou mexida para executar a tacada. Agregado a essa dificuldade, a bola ficou em cima de alguns pequenos galhos do pinheiro, provavelmente caídos pelo vento. A regra permite que você retire os galhos e as folhas, mas se a bola mexer e sair da posição original, você acresce uma tacada no total como penalidade.

Somente para lembrar! O objetivo do jogo é você concluir os 18 buracos com o menor número de tacadas possível. Na hora em que me aproximei da bola, analisei a situação, e ao tirar os pequenos gravetos, com todo cuidado, a bola se mexeu saindo da posição original.

Não havia nenhum jogador por perto para tirar a minha dúvida na regra sobre o ocorrido, isso porque o outro jogador estava perto da sua bola, bem melhor posicionada e distante da minifloresta em que me encontrava. Bati na bola e segui em frente, ao terminar o último buraco, junto à sede do clube fizemos a contagem das anotações das tacadas, buraco a buraco, quando, para a nossa surpresa, terminamos empatados, com 93 tacadas cada um, diminuindo os nossos *handicaps*, o resultado ficou em 70 tacadas para os dois.

Nesse momento, recordei-me da situação da bola que saíra da sua posição original, pedi ao colega de torneio para esperar um pouco antes de entregar o seu cartão. Procurei a comissão técnica e expliquei o acontecido, ficando a decisão sobre duas hipóteses: se a bola havia rolado apenas meia volta não haveria penalidade, mas se havia rolado mais que meia volta haveria a punição, com o acréscimo de uma taca.

Busquei a imagem em minha memória e concluí que a bola havia mexido mais de meia volta. Retornei ao colega e lhe disse que devido a uma penalidade, meu total de tacadas ficará em 71 tacadas, e lhe dei os parabéns pelo primeiro lugar, ficando honradamente com o troféu de segundo lugar. Ninguém comentou nada comigo, mas senti no ar, certa consideração de todos em relação ao meu caráter e intenção, coisas que foram ensinadas e exemplificadas pelos meus pais.

Intenção no dicionário é: *o próprio fim a que se visa, intento, pensamento, propósito, vontade e desejo.* Além desses adjetivos, Covey está convencido de que não estaria completo sem incluir o motivo, a agenda e o comportamento para conceituar a intenção.

- *Motivo*: é ter uma razão e um propósito para fazer algo. É o *"por quê"* por trás do *"o quê"*, como à atitude que demonstra preocupação sincera para com as pessoas, os propósitos, a sociedade e a qualidade de tudo. Toda preocupação autêntica gera confiança.

- *Agenda*: a agenda é consequência do motivo. É aquilo que você intenciona fazer ou promover por causa de seu motivo. A agenda que busca o bem comum, o resultado mútuo e deseja o melhor para todos os envolvidos inspira maior confiança.

- *Comportamento*: é a concretização em ação do motivo e da agenda. O comportamento que cria verdadeiramente credibilidade é o agir para o melhor e maior interesse de todos envolvidos. É nesse momento em que se verifica se o que se pensa e se diz, realmente é o que se faz.

Para sua reflexão, as pesquisas indicam que apenas 29% dos empregados acreditam que a direção se preocupa em desenvolver as habilidades dos colaboradores, e apenas 42% acreditam que a direção se preocupa, de alguma forma, com os colaboradores. Quando se acredita que alguém tem boas intenções e age com integridade, no melhor interesse dos outros, tendemos a confiar, verdadeiramente, nessa pessoa.

Contando com a sua sinceridade, o convido a refletir sobre algumas perguntas instigantes, que provocará uma profunda avaliação de sua consciência. Trata-se de um teste que ajudará a entender os elementos essenciais da credibilidade pessoal, apontando possíveis necessidades de melhorias e aperfeiçoamentos em algumas áreas do seu interesse. Tenho certeza que esse teste, que está no livro O Poder da Confiança, será de muita utilidade no aumento e nas credencias de sua autoconfiança. À medida que ler cada grupo de afirmativas, marque o número que melhor descreve onde e como você se sente na escala: o número 1 significa que você se identifica melhor com a descrição à esquerda; o 5 significa que você se acha melhor descrito pela declaração à direita; e 2, 3 ou 4, são situações intermediárias, sendo que o número 3 representa indecisão.

Parte 1		
Às vezes justifico "*pequenas mentiras*", crio impressões falsas sobre as pessoas, distorço situações ou "*torço*"a verdade para conseguir o que quero.	1 2 3 4 5	Em qualquer nível, sou completamente honesto em minhas interações com os outros.
Às vezes, existe diferença entre aquilo que penso e aquilo que digo, ou entre minhas ações e meus valores.	1 2 3 4 5	O que digo e faço constitui realmente o que penso e sinto. Pratico o que ensino e prego.
Meus valores não são totalmente claros. É difícil defender algo quando os outros discordam.	1 2 3 4 5	Não tenho dúvidas quanto aos meus valores e defendo-os sem medo e com facilidade.

Tenho dificuldade em reconhecer que outra pessoa possa estar certa, ou que existe informação adicional lá fora que possa me forçar a mudar de ideia.	1 2 3 4 5	Estou genuinamente aberto à possibilidade de conhecer ideias novas que podem me fazer repensar certas questões ou mesmo redefinir meus valores.
Tenho dificuldades em estabelecer e alcançar metas ou compromissos pessoais.	1 2 3 4 5	Posso estabelecer e manter consistentemente os meus compromissos e aqueles assumidos com os outros.

Contagem total da parte 1 – 25 pontos possíveis.

Parte 2

Eu realmente não me importo tanto com as pessoas, exceto aquelas que são mais próximas a mim. Reluto em pensar sobre as preocupações dos outros e que sejam externas aos meus interesses pessoais.	1 2 3 4 5	Preocupo-me com as outras pessoas e também com o bem-estar dos outros.
Não penso muito sobre por que faço o que faço. Raramente (ou nunca) tentei me analisar profundamente para melhorar minhas intenções.	1 2 3 4 5	Sou consciente de meus motivos e intenções e procuro me aperfeiçoar para garantir que aja corretamente e pelos motivos certos.
Geralmente, em meus negócios, concentro-me em obter o que quero.	1 2 3 4 5	Procuro soluções que ofereçam um "ganho" para todos os envolvidos.

Com base em meu comportamento, a maioria das pessoas não pensaria necessariamente que tenho em mente meus melhores interesses.	1 2 3 4 5	Por meio do que faço, as outras pessoas conseguem determinar claramente que tenho em mente meus melhores interesses.
No fundo, acredito que, se outra pessoa consegue algo (recursos, oportunidades, créditos), isso significa que eu não os obtive.	1 2 3 4 5	Sinceramente acredito que há mais do que o suficiente de tudo para todos.
Contagem total da parte 2 – 25 pontos possíveis.		
Parte 3		
Realmente sinto não estar utilizando todos os meus talentos em meu trabalho atual.	1 2 3 4 5	No trabalho que realizo há um bom casamento entre meus talentos e minhas oportunidades.
Não adquiri o conhecimento nem desenvolvi plenamente as habilidades de que necessito para ser realmente eficiente no trabalho.	1 2 3 4 5	Adquiri o conhecimento e tenho as habilidades necessárias para o meu trabalho.
Raramente gasto tempo para melhorar meu conhecimento e minhas habilidades no trabalho ou em qualquer outra área de minha vida.	1 2 3 4 5	Melhoro e aumento sem parar os meus conhecimentos e habilidades em todas as áreas que são importantes na vida.
Realmente não tenho certeza sobre quais são as minhas forças; concentro-me mais em tentar melhorar as minhas fraquezas.	1 2 3 4 5	Identifiquei minhas forças e concentro-me muito para usá-las com eficácia.

Neste momento, realmente não sei muito sobre o processo de construir confiança.	1 2 3 4 5	Sei como estabelecer, fazer crescer, estender e recuperar eficientemente a confiança, e me esforço conscientemente em fazer isso acontecer.

Contagem total da parte 3 – 25 pontos possíveis.

Parte 4

Não tenho realizações muito destacadas. Meu currículo certamente não deixaria alguém maravilhado.	1 2 3 4 5	Minhas realizações espelham claramente aos outros aquilo que sei fazer e lhes dá a confiança de que alcançarei os resultados desejados.
Dedico meus esforços a fazer o que me mandaram.	1 2 3 4 5	Dedico meus esforços para obter resultados, não apenas para cumprir minhas tarefas.
Quando tenho que relatar minhas realizações, ou não digo nada (não quero parecer estar me vangloriando), ou falo de mais e as pessoas ficam desestimuladas.	1 2 3 4 5	Comunico adequadamente as minhas realizações de maneira a inspirar confiança.
Muitas vezes não consigo acabar o que comecei.	1 2 3 4 5	Com raras exceções, se começo algo termino.
Não me preocupo muito com a maneira de obter resultados – só quero chegar a eles.	1 2 3 4 5	Obtenho consistentemente resultados usando formas que inspiram confiança.

Contagem total da parte 4 – 25 pontos possíveis.

Contagem total do teste – 100 pontos possíveis.

Agora, dê uma olhada em sua pontuação. Se a contagem total situou entre 90 e 100 pontos, você tem alta credibilidade pessoal. Você demonstra ter caráter, bem como competência. Você sabe o que é importante e o traduz em ação na vida diária. Preocupa-se com as pessoas. Você está ciente de que suas capacidades se desenvolvem e utiliza-as eficientemente para produzir resultados positivos. O resultado é que você se sente confiante e as pessoas tendem a confiar em você.

Se sua contagem ficou entre 70 e 90 pontos, você tem algumas lacunas de credibilidade que se manifestarão, seja na forma de autoconfiança mais baixa, seja por meio de algum grau de dificuldade para inspirar confiança nos outros.

Se você marcou 70 pontos ou menos, possivelmente tem um problema mais sério de credibilidade. Você deverá analisar mais cuidadosamente as áreas específicas nas quais se deu pontuações mais baixas.

3. Dimensão da Capacitação:

A dimensão da capacitação está contextualizada na máxima de que se somos capacitados a fazer algo, conquistamos a confiança das pessoas. É muito simples, pessoas capazes são confiáveis e inspiram confiança em outras pessoas, mas é fundamental entender que se você tem um enorme potencial, mas nunca foi capaz de transformá-lo em resultados, isso fica somente na esfera da potencialidade. A dimensão da capacitação desdobra-se na sigla *TACHE*: talentos, atitudes, conhecimento, habilidades e estilo.

- *Talentos*: são nossas aptidões e forças naturais e singulares. Seguidamente, encontramos talentos em nós e nos outros, que se aflorou diante de uma crise ou necessidade.

- *Atitudes:* são as ações refletidas pelos nossos paradigmas, nossos modelos mentais de enxergar as coisas e nossa maneira de ser. O grande líder se cerca de pessoas mais talentosas e competentes do que ele, isso exige forte autoconfiança.

- *Conhecimento*: trata-se do nível de atualização e conhecimento nos seus campos de atuação. O quanto você busca obter novos conhecimentos para agregar valor na sua vida pessoal e profissional.

- *Habilidades*: é o grau de habilidade que você tem atualmente; quais habilidades necessitarão no futuro? E até que ponto você está motivado para melhorar constantemente suas habilidades?

- *Estilo*: é a maneira de fazer as coisas, o jeito de abordar certos problemas, o modo de se relacionar e/ou liderar.

Um bom exemplo é a história de Tiger Woods. Em 1997, reconhecido como o melhor golfista do mundo, após ganhar o torneio Masters (a copa do mundo do golfe) com o recorde de 12 tacadas a menos, ele decidiu, mesmo assim, melhorar o seu *swing*. Toda grande ou pequena mudança na forma de jogar golfe exige do jogador o sacrifício de reaprender todos os movimentos, com treinos redobrados para incrementar um novo jeito de pegar o taco e bater na bola. Pela repetição, o jogador consegue uma nova memória muscular, até o ponto da sua mente e o seu corpo automatizar o novo movimento, criando novas habilidades.

27 • Você Erra Todas as Tacadas que Não Dá: uma Lição de Liderança

Tiger sacrificou um ano e meio da sua carreira para realizar a sonhada melhoria no seu *swing*, porque acreditava que, ao fazer isso, ele seria capaz de jogar melhor por mais tempo. Sua declaração sobre o assunto foi:
Você pode ter uma semana maravilhosa... Mesmo quando seu impulso não é perfeito. Mas será que você pode competir com esse impulso em torneios quando sua sincronização não for boa? Será que você conseguirá competir por um longo período de tempo? A resposta para essas perguntas, com o impulso que tenho, é não. Eu quis mudar isso.

Woods saiu do seu sacrifício autoimposto para conquistar os quatro títulos mais importantes do mundo, façanha realizada somente uma vez na história do golfe pelo lendário Bobby Jones. A revista *Time* escreveu que o mais notável em Woods é sua vontade inquebrantável por aquilo que os japoneses chamam de *Kaisen*, ou seja, aperfeiçoamento contínuo.

Quando se trata de capacitação pensa-se em experiência. Diversas pessoas comentam ter experiência, por trabalhar 10 ou 15 anos em uma organização, mas, muitas vezes, identifico que apesar desse longo tempo de trabalho na mesma empresa, não significa que esse profissional adquiriu muita experiência, é comum ver que ele adquiriu apenas um ano de experiência repetidas.

De acordo com a pesquisa da Gallup, apenas 20% dos empregados que trabalham nas grandes empresas acham que suas forças estão sendo usadas todos os dias. Assim, oito em cada dez empregados pesquisados sentem que seus conhecimentos e potencial estão sendo subutilizados. Com essa informação dá para imaginar o quanto de produtividade e potencialidade as organizações estão perdendo todos os dias.

4. Dimensão do Resultado:

A dimensão do resultado é de fundamental importância para a credibilidade de uma pessoa. Jack Welch dizia que a obtenção de resultados é como ter *"vales de desempenho"* na mesa, dando-lhe influência, respeito e credibilidade. Como dizem no ditado popular brasileiro *"na teoria, a prática é outra"*, as pessoas não confiam em alguém que não faz as coisas acontecerem. Nessa dimensão, para melhor compreensão, é interessante fazer-se algumas perguntas como:

— Que tipo de resultado produzo atualmente? Esses resultados aumentam ou diminuem minha credibilidade pessoal?
— Se cogitasse empregar alguém, até que ponto as realizações e o desempenho atual dessa pessoa influenciariam minha decisão?
— Quão elogiáveis são minhas realizações? Qual a probabilidade de alguém me empregar com base nelas?
— Quão hábil sou em identificar os resultados desejados e em executar eficazmente as tarefas correlatas para obter tais resultados? Será que meu desempenho inspira confiança?

Somos reconhecidos pelos resultados que produzimos. Para convencer os céticos, você deve produzir resultados; é a linguagem universal da confiança e da credibilidade, pois se responsabilizar pelo resultado é diferente de se responsabilizar apenas pela atividade. É comum encontrarmos líderes responsáveis apenas por suas atividades, aquelas estampadas em sua descrição de cargo, e, quando não cumpridas, são especialistas em justificativas e desculpas.

É incrivelmente diferente responsabilizar-se pelo resultado. Essa mentalidade conduz à criatividade, a inovação, a busca de alternativas, o foco, o direcionamento, o acompanhamento contínuo e a mudança de rumo quando necessário, a tempo de influenciar o resultado final. Toda vez que você terminar o que iniciou, refletirá em credibilidade à sua equipe, superiores, amigos e familiares. Sem sombra de dúvidas, quando você consegue bons resultados, causa impacto muito maior naquilo que você fala e, consequentemente, aumenta a sua autoconfiança.

A Conta Bancária da Confiança

Pode-se correlacionar a confiança com uma conta bancária. Uma conta bancária você pode fazer depósitos e/ou saques. Imagine essa prática em uma conta bancária de confiança! O seu saldo fica positivo ou negativo de acordo com as movimentações nos seus relacionamentos pessoais, profissionais e familiares. Para elucidar esse conceito, vamos ver algumas situações de *saques e depósitos* no cotidiano corporativo:

- Saques organizacionais:
    - » ambiente e cultura envenenados com fofocas, mentiras, sabotagem, queixas, processos trabalhista, comportamento criminoso.
    - » empregados e *stakeholders* infelizes.
    - » ausência de comunicação, ruídos e interpretações errôneas.
    - » formação de grupos e partidos com politicagem, protecionismo, ganância e individualismo.
    - » gestão de detalhes, excesso de burocracia e lentidão na tomada de decisão.
    - » hierarquia inchada e estrutura desnecessária.
    - » amadorismo, imediatismo, injustiças.
- Saques nos relacionamentos:
    - » confrontações acaloradas e insensíveis.
    - » comportamentos hostis e abuso verbal ou emocional.

- » busca das fraquezas e erros nos outros.
- » dúvidas sobre a confiabilidade ou o comprometimento das pessoas.
- » comunicação limitada e não transparente das informações.
- » preocupações e questionamentos das intenções e motivos dos outros.
- Depósitos organizacionais:
    - » local de trabalho saudável com foco e objetivos claros.
    - » comunicação transparente, honesta e ágil.
    - » reconhecimento pelo resultado sem politicagem e apadrinhamentos.
    - » trabalho e execução colaborativa em equipe.
    - » relação ganha-ganha com empregados e *stakeholders*.
    - » sistemas e estrutura enxuta e alinhada.
    - » ambiente de confiança, comprometimento, engajamento e lealdade.
- Depósitos nos relacionamentos:
    - » comunicação respeitosa, edificante e saudável.
    - » tolerância mútua e aceitação do erro como aprendizado.
    - » relacionamentos abertos, cooperativos e energizantes.
    - » ambiente de permissão à criatividade e inovação.

Uma analogia com a conta bancária da confiança é pensarmos em um grande balde cheio de água a conta-gotas (depósitos), e alguns saques (os grandes) são como se alguém chutasse o balde, desperdiçando, de uma só vez, toda a confiança que você conquistou ao longo de vários anos. Creio que não seja necessário explicar a importância e a responsabilidade que você tem sobre conquistar novas confianças e tomar muito cuidado com os saques, mesmo os que você faça sem querer e sem perceber. Muitas vezes o saque pode parecer pequeno, até insignificante para você, mas para a outra pessoa pode ser algo imperdoável, tudo depende do ponto de vista, da interpretação e do momento que ocorre o saque.

O modo mais rápido de diminuir, ou perder, a confiança de alguém é transgredir um comportamento de caráter, isso cria dúvidas e suspeitas, mas quando você cumpre uma promessa ou comprova competência, constrói confiança com a pessoa e alcança a confiança de muitas outras, porque gera esperança, entusiasmo, segurança e resultados.

Confiança Inteligente

Um provérbio latino diz: "*É igualmente um erro confiar em todos os homens assim como desconfiar de todos*". Parece que quando analisamos confiança, tratamo-na comumente sob dois extremos. Desconfiamos de tudo o que a pessoa diz e faz, ou confiamos quase que cegamente em todo mundo, de forma simplista e ingênua.

Sob esse aspecto, Covey oferece-nos uma premissa salomônica, ou seja, nos apresenta a *confiança inteligente*, com o seguinte gráfico:

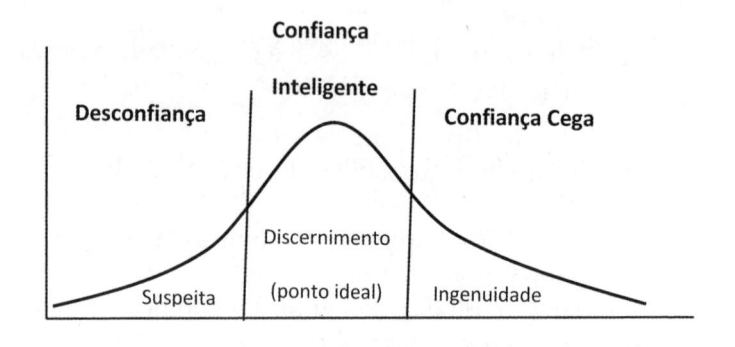

Todo excesso ou extremo não é inteligente. Confiança inteligente é uma função de dois fatores: 1. propensão para confiar e 2. analisar. O primeiro fator está na propensão para confiar – o que significa ter a inclinação e a predisposição em acreditar que as pessoas são dignas de confiança, tendo o desejo sincero de confiar nela sem restrições. A inclinação de você confiar nas pessoas está implícita na sua personalidade, fruto da forma como as pessoas importantes em sua vida confiaram em você e, suas experiências, boas ou más, dos relacionamentos de confiança.

O segundo fator, a análise, está vinculado ao raciocínio e a habilidade de analisar, ponderar e avaliar as possibilidades e implicações para chegar a uma conclusão e decisão. Esse senso de análise é resultado das suas experiências de vida, seus dons, suas percepções naturais e sua educação.

Pense um pouco! Como você atua e se relaciona com a confiança? Você é do tipo que confia facilmente ou desconfia de tudo? Ou você é uma pessoa que analisa bem a situação, os acontecimentos e examina concretamente as possibilidades para tomar a decisão de confiar ou não? Até que ponto você pratica a confiança inteligente, usando o seu discernimento das circunstâncias para decidir se confia ou confia com limites?

De qualquer maneira, a recomendação para praticar a confiança inteligente é diagnosticar utilizando-se de algumas perguntas como ferramenta:

- Qual é a oportunidade que está presente?
- Qual o risco envolvido?
  - » Quais são os possíveis resultados?
  - » Qual é a probabilidade dos resultados acontecerem?
  - » Qual é a importância e a visibilidade dos resultados?
- Qual a credibilidade (caráter e competência) das pessoas envolvidas?

Uma história que pode traduzir as perguntas recomendadas aconteceu no meu primeiro torneio de golfe. "*Qual a oportunidade?*" O primeiro torneio de golfe é inesquecível do ponto de vista da insegurança; e por que não falar a verdadeira palavra que é o "*medo*" que senti? Mas, ao mesmo tempo, enxerguei a grande oportunidade que estava à minha frente, porque o meu *handicap* era o mais alto de todos, com isso poderia errar bastante e mesmo assim, ainda no total de tacadas, teria a possibilidade de não ser o último do placar. No dia anterior, coloquei como meta não ser o último na pedra, que significa não ter o meu nome grafado no placar na última posição.

"*Qual o risco envolvido?*" A participação no torneio, por si só, era um grande risco de fazer feio e desistir do jogo, com muitas variáveis e dificuldades envolvidas para um resultado frustrante, porque nesse dia estava chovendo e eu nunca havia jogado na chuva. Em um torneio de golfe, chuva não é empecilho; o jogo sai e você tem que fazer o melhor. Somente raios e trovões podem cancelar um torneio; antes ou durante a partida.

A probabilidade de um resultado ruim era muito maior com essa intempérie, mas a meta de não ser o último na pedra significaria uma grande conquista e superação da minha parte.

"Qual é a credibilidade das pessoas envolvidas?" O jogo de golfe é extremamente ético, você é o próprio juiz, o bom senso e o caráter do jogador devem ser imperativos. Tratando-se de ser humano, sabemos que nem todos conseguem esse básico e simples comportamento, isso porque no torneio é obrigatório você jogar com o mínimo de três jogadores, e entre eles estava um jogador famoso no clube, por sua maneira de ajeitar o jogo a seu favor, ganhando vantagens sem honradez, facilitado pela minha ignorância sobre todas as regras do jogo. Afinal, eu era um principiante.

Durante o jogo, ocorreu uma situação em que o dito cujo me penalizou com uma tacada a mais, por uma situação que me deixou em dúvida. Com a minha inexperiência e ingenuidade, aceitei cordialmente o castigo, como deve ser um bom e ético jogador de golfe. Perto da hora da entrega dos troféus comentei com um veterano a situação da penalidade e ele ficou indignado, tanto que me mostrou o livro de regras para ler, confirmando que, naquela situação, não haveria penalidade. Até hoje procuro evitar esse jogador, e o pior é que não sou só eu quem faço isso!

> *"A confiança não é algo que possa ser considerado como garantido; é algo que deve ser construído, apreciado, nutrido, protegido e cuidadosamente preservado."* Stephen M. R. Covey.

O resultado, para mim, do primeiro torneio foi maravilhoso, fiquei em 12º lugar entre os quinze participantes da minha categoria. Foi uma boa oportunidade de experimentar e sentir orgulho do meu resultado, fortalecendo a minha autoconfiança para a continuidade do aprendizado e próximas oportunidades.

Comportamentos da Autoconfiança

Conquistar ou recuperar a confiança de outra pessoa não é uma ação simples, exige uma série de demonstrações e comprovações de comportamentos/atitudes, não excluindo a enorme dificuldade, esforço e dedicação que é recuperar a sua própria confiança. Nas situações em que não conseguimos atingir nossos objetivos, quebramos promessas que fizemos a nós mesmos, ou agimos ao contrário dos nossos princípios, nossa autoconfiança é esmagada, nos punindo de forma psicológica, profundamente e impiedosamente chegando, algumas vezes, ao extremo de não acreditar em si mesmo.

Covey nos brinda com os 13 comportamentos da autoconfiança, tornando possível melhorar o nosso mapa da confiança. Leia com atenção e faça uma autorreflexão:

1- *Fale francamente:* não fique se justificando, racionalizando e inventando historinhas para aquilo que você fez. Diga a você mesmo o que deveria ter feito e o que irá fazer para melhorar. Não diga certas mentiras para você mesmo, como: eu não valho nada; eu estraguei tudo; não consigo fazer as coisas direito. Você pode e deve fazer as coisas melhor se desejar, e tentar de verdade.

2- *Demonstre respeito:* trate-se com carinho e atenção, como trataria qualquer outra pessoa. Não se maltrate com suas fraquezas e erros, não espere e cobre de você mais do que esperaria de outra pessoa.

3- *Crie transparência:* não tente disfarçar suas deficiências e falhas, assuma-as com coragem. Seja correto, aberto e honesto consigo mesmo, seja você mesmo em todas as situações e tente melhorar continuamente.

4- *Corrija os erros:* saiba se perdoar, aprenda com os seus erros e libere-se para o aprimoramento de sua autoconfiança.

5- *Seja leal:* não se deprecie e se humilhe falando negativamente de você mesmo, para si ou para os outros.

6- *Produza resultados:* coloque-se metas e faça as coisas acontecerem, procurando trabalhar nas coisas mais importantes para os resultados que deseja.

7- *Aperfeiçoe-se:* novos aprendizados, habilidades e conhecimentos reforçarão sua autoconfiança. Programe-se e reserve tempo para melhorar como pessoa e profissionalmente de forma contínua.

8- *Enfrente a realidade:* encare com realismo o que acontece com você, e com coragem e esperança toque em frente. Não ceda ao pessimismo e ao desespero.

9- *Esclareça as expectativas:* tenha muito claro o que você espera de si. Não deixe que os outros naveguem a sua vida. Mantenha expectativas realistas e empolgantes.

10- *Pratique a responsabilidade:* não deixe de fazer o que tem que ser feito para você, fazendo as coisas somente para os outros. Assuma suas responsabilidades diante das prioridades e resultados projetados.

11- *Escute ativamente:* ouça sua consciência e sua voz interior, não deixe que outras pessoas lhe convençam do contrário, faça o que sente ser o melhor e correto.

12- *Cumpra as promessas:* dê o mesmo tratamento para si do que você dá aos compromissos negociados com as outras pessoas. Assuma com responsabilidade as promessas que você faz a si mesmo.

13- Confie em si: confie nos seus sentimentos, intuição, percepção e instintos. Confie nas suas decisões e discernimentos no dia a dia. Confie na sua competência, habilidades de fazer as coisas na vida e acredite que você consegue muito mais coisas que imagina.

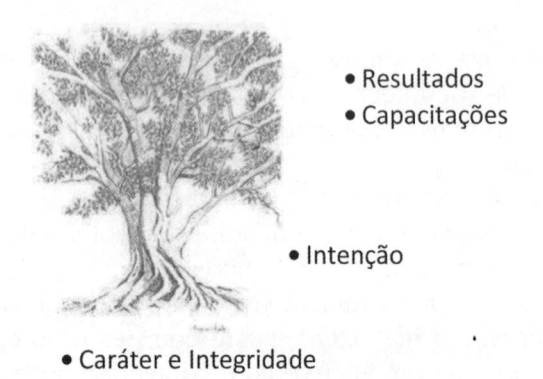

- Resultados
- Capacitações
- Intenção
- Caráter e Integridade

Para demonstrar o conceito de confiança de outra forma, a metáfora da árvore contribui, ilustra e fixa o aprendizado com simplicidade:

É fácil observar que o caráter e a integridade são invisíveis, encontram-se abaixo do solo e na raiz da árvore, onde tudo se fortalece e cresce. A intenção é, muitas vezes, visível, está no tronco da árvore, logo acima do solo, formando a robustez do caráter. As capacitações são os galhos, que se ramificam na busca do conhecimento e sabedoria. Os resultados são os frutos, o produto visível do florescimento, de fácil mensuração e avaliação, formatando a competência de uma pessoa.

O bom jogador de golfe e os atletas corporativos devem praticar, incansavelmente, os conceitos da confiança e os treze comportamentos da autoconfiança. A técnica do jogo ou do trabalho conquista-se pelo treino contínuo, mas o segredo está em tornar-se uma pessoa em que você e os outros possam confiar.

Livro II —

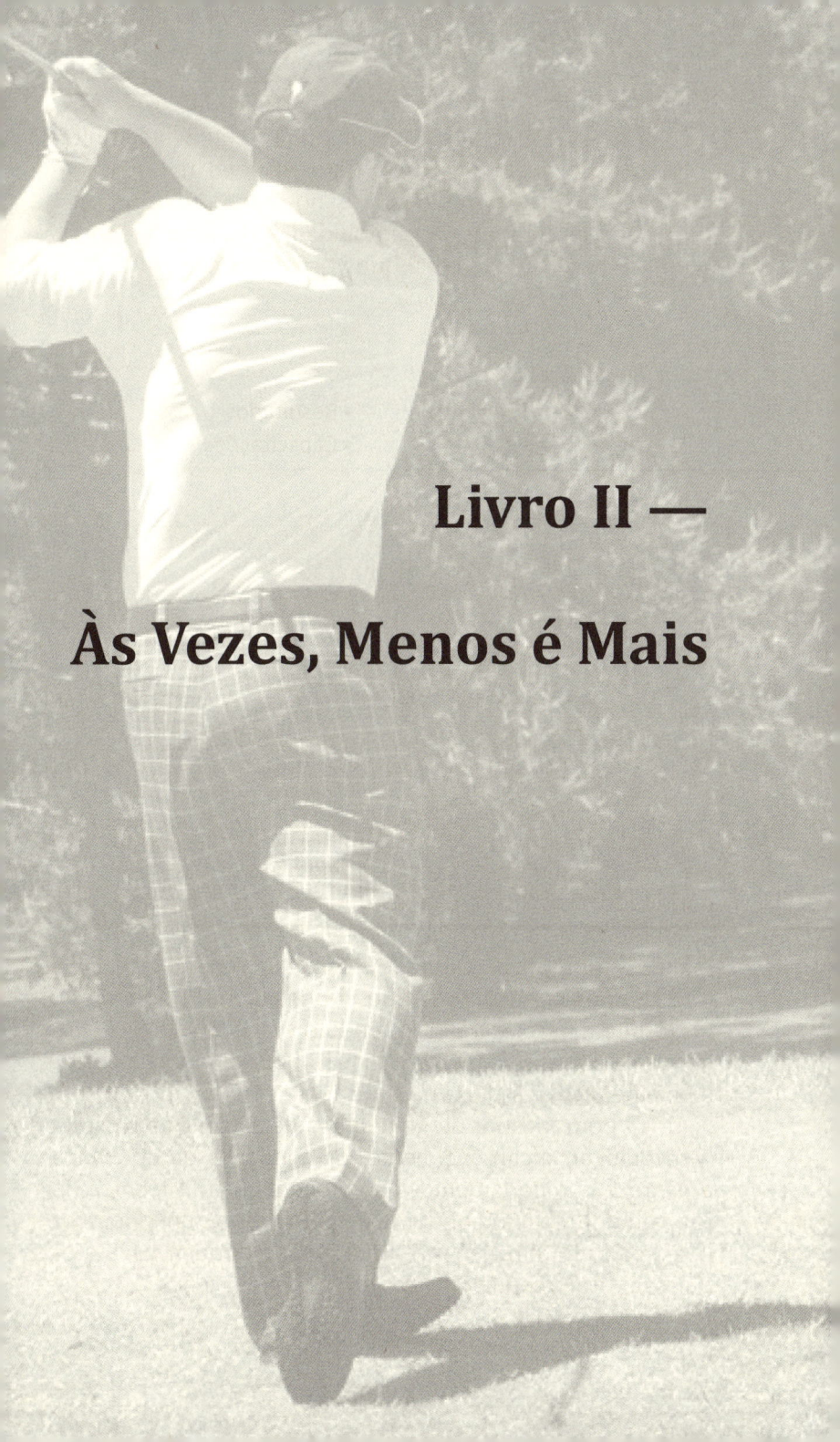

Às Vezes, Menos é Mais

A analogia entre menos é mais e o golfe, desse capítulo, está apoiada no livro *Empresas Feitas para Vencer*, de Jim Collins.

Para o golfe, qual seria a melhor ordem das palavras para os ditados populares "*O ótimo é inimigo do bom*" ou o "*Bom é inimigo do ótimo*"? Algumas vezes deixamos de fazer várias coisas boas, ao se dedicar integralmente no perfeccionismo de fazer apenas uma coisa ótima, e, também, deixamos de usar nossa plena capacidade e habilidade para executar as coisas com excelência.

O jogo de golfe é caracterizado pelo alcance da primazia do praticante. Recordo-me quando iniciei no esporte, foi apenas uma troca de favores com um amigo chamado Tiago, instrutor de golfe no Gramado Golf Club; ele havia me pedido para ensiná-lo a tocar cavaquinho e, em contrapartida, fiz-lhe uma proposta:

— Tiago, proponho a você uma troca de ensinamentos. Você me ensina a jogar golfe e eu te ensino a tocar cavaquinho. O que você acha disso?

Imediatamente ele concordou, e eu fiquei duvidoso naquele momento e refletindo se realmente era o que eu queria! A impressão que tinha do jogo, sem conhecê-lo ou sequer ter entrado em um campo de golfe na minha vida, era que não iria dar certo, por ser, costumeiramente, agitado e impaciente. Imaginava que o jogo seria muito calmo, lento e eu não conseguiria suportar.

Outro pensamento, e até preconceito, foi com os participantes do golfe, vejam só! Mais uma ignorância da minha parte; acreditava que, em sua maioria, os praticantes seriam velhos, considerando que esse tipo de esporte seria somente para os bem-sucedidos e afortunados aposentados.

Na semana seguinte, marcamos uma troca de aulas no campo de golfe, foi o meu primeiro contato com o taco e a bolinha que, pelos desastres ocorridos, confirmou a minha impressão de que não iria dar certo mesmo! Cheguei a pensar em desistir em menos de 20 minutos de aprendizado. Eram tantas informações, posições e posturas que os meus neurônios não acompanharam, pelo enorme nível de exigência que é acertar a bolinha em um único e perfeito movimento, utilizando-se de todos os músculos, tendões, articulações e ossos do meu corpo.

Preste atenção e veja o que estou querendo lhe dizer. Para que uma tacada seja apenas boa, será necessária uma série de coisas ótimas, ou até quase perfeitas como:

1. A primeira e mais importante é a permanência dos seus olhos na bolinha, durante todo e completo movimento da tacada (*swing*), com a cabeça completamente parada em direção à bola.
2. A formação do seu *grip* — (maneira com se pega no taco com as duas mãos). Existem algumas técnicas diferentes, e você terá que escolher a que mais se adapta ao seu estilo. O *grip* bem feito pode representar mais de 50 % no acerto de uma tacada.
3. O tamanho do seu *stance* — trata-se da distância e/ou abertura entre os pés e pernas quando você para em frente à bola.
4. A posição da bola em relação ao seu stance — mais para o pé esquerdo a bola sobe, mais para o pé direito a bola voa mais baixa.
5. A distância dos seus pés e braços em relação à posição da bola, ou seja, o quanto os seus braços,

pernas e taco deverão estar distante da bolinha.
6. A postura com as costas ereta, quadril encaixado e joelhos ligeiramente dobrados de forma harmoniosa.
7. Alinhamento dos pés e corpo em relação à direção e alvo que deseja atingir.
8. Para os destros, braço direito relaxado e braço esquerdo reto. O cabo do taco deverá estar na direção da sua virilha esquerda.
9. A preparação é a união perfeita entre o corpo e o taco para começar o *swing*. O *swing* é o efeito da torção do corpo e taco com giro circular, para trás e posteriormente para frente, utilizando-se da força centrífuga que o corpo oferece na hora da transferência para frente, conectando o giro do quadril, peso do taco, velocidade e tempo da batida na bola. Tudo em perfeito sincronismo de movimento.
10. Fazer o *backswing* — movimento para trás com o taco e o corpo, que deverá ser lento e rítmico.
11. Fazer o *downswing* — movimento da batida na bola e sequência para frente.
12. Fazer o *followThrough* — terminação equilibrada do movimento, posicionando o taco nas costas finalizando o *swing*.

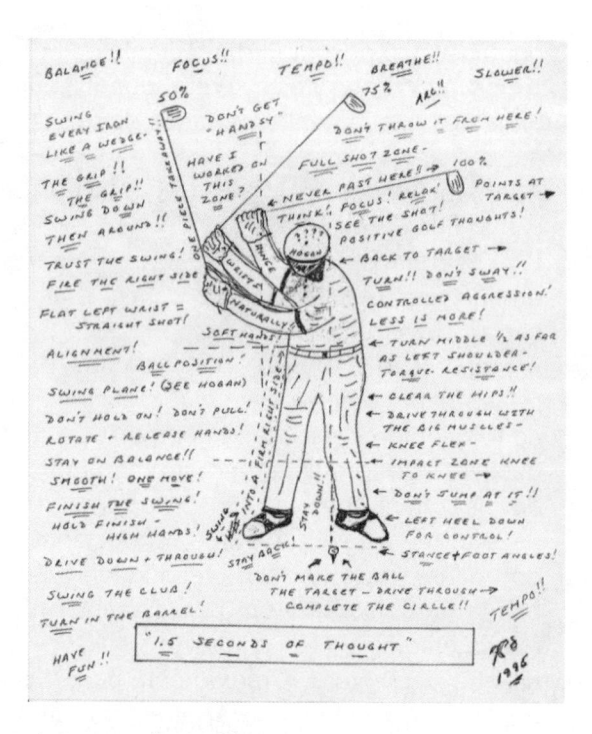

(Diagrama do Swing)

Todos os movimentos acima deverão ser executados com o corpo e músculos relaxados na medida certa, sem tirar os olhos da bola e sem mexer a cabeça para tudo dar certo e a bola voar em direção ao alvo.

Foram abordados somente os principais cuidados para uma tacada normal. Apenas um deslize em um dos doze procedimentos, e você terá como resultado uma péssima tacada, podendo comprometer os seus objetivos para aquele buraco, e muito provavelmente uma enorme decepção emocional. Diversas variáveis são adicionadas aos doze itens citados, que contribuirão na análise e tomada de decisão da tacada como: o tipo de terreno ou grama que a bola está; se a areia da banca está mais fofa ou mais pesada; qual o taco adequado para aquela tacada; se o vento está contra, a favor ou lateral; e qual o efeito que deseja executar para a bola voar com curva para a direita ou para a esquerda.

Um detalhe curioso no golfe é que quanto menos força você aplicar na sua tacada, mais longe será a distância da bola. Nesse caso, "menos é mais". Creio que com essa pequena explicação, imaginando uma bola em boa posição, sem obstáculos, sem vento e sem água à sua frente, pode-se presumir que, para o golfe, inquestionavelmente, "O bom é inimigo do ótimo".

Collins inicia o seu livro com o capítulo "O bom é inimigo do ótimo", afirmando que é uma das razões-chave para explicar porque está difícil encontrar organizações, pessoas e coisas tornando-se excelentes. Alguns exemplos merecem reflexão:

- Não temos ótimas escolas, porque nos contentamos com boas escolas.
- Não temos um governo excelente, porque nos acomodamos com um bom governo.

- Temos poucas organizações excelentes, porque nos satisfazemos com boas organizações.
- Temos raros profissionais excelentes, porque nos alegramos com alguns bons profissionais.
- Temos algumas pessoas com excelente padrão de vida, porque nos contentamos com o básico necessário.

Os vários exemplos citados jamais se tornaram excelentes, só porque já são bastante bons, e este é o principal problema para o desenvolvimento, crescimento e melhoria das organizações e população. A pesquisa de Jim baseou-se em uma afirmativa de um amigo que lhe confidenciou uma crítica dizendo:

— Jim, todos aqui adoram o seu livro *Feitas para durar*. Você e seu co-autor fizeram um trabalho fantástico de pesquisa e texto. Mas, infelizmente, ele é um livro sem nenhuma utilidade!

Curioso, Jim pediu para ele explicar melhor. E Bill Meehan lhe fez três perguntas provocativas:

— Uma boa empresa pode se tornar uma empresa excelente Jim?

— Se caso afirmativo, como?

— Ou será que a doença de ser "somente boa" é incurável?

Cinco anos depois, Collins respondeu a todas as perguntas com maestria em seu livro *Empresas Feitas para Vencer*, afirmando que empresas boas podem se transformar em empresas excelentes. A pesquisa identificou empresas que deram o salto para a excelência, sustentando-a ao longo de 15 anos, com empresas comparativas do mesmo seguimento que não conseguiram a ruptura positiva, e/ou quando chegaram a concretizar o salto não conseguiram sustentar os resultados. Nessa pesquisa, foram detectados os fatores essenciais e diferenciadores causadores da ruptura para a excelência.

As empresas que compuseram o estudo conseguiram resultados excepcionais, com um retorno médio acumulado de capital na ordem de 6,9 vezes maior do que a média do mercado, nos quinze anos seguintes à sua ruptura positiva. O processo de triagem iniciou com 1.435 empresas inclusas na lista das 500 maiores da revista *Fortune* de 1965 a 1995.

Apenas 11 empresas foram enquadradas como excelentes na pesquisa, e mais 11 empresas de comparação direta e 6 empresas de comparação não sustentadas, das quais poucas conhecidas no Brasil. Por essa razão, a leitura do livro fica um pouco complexa e de difícil acompanhamento. As onze empresas feitas para vencer foram: Abbot, Circuit City, Fannie Mae, Gillet, Kimberly-Clark, Kroger, Nucor, Philip Morris, Pitney Bowes, Walgreens, Wells Fargo. Vale observar que algumas famosas empresas ficaram fora da lista como a Coca-Cola e a GE. Com isso, uma das primeiras lições tiradas do estudo foi que: *é possível a transição de organizações boas para excelentes nas situações mais improváveis.*

No nosso paralelo "golfístico", essa verdade pode ser perfeitamente aplicada. Um jogador sem porte atlético, sem condicionamento físico e baixa estatura, aparentemente terá baixa possibilidade e condições para muitos esportes da atualidade, basta imaginar a mudança, nos últimos anos, sobre a altura de um esportista de vôlei, basquete e até mesmo do futebol. Mas para o golfe, igualmente como as empresas improváveis para a excelência, poderá existir excelentes jogadores mesmo que não detenham todas as características de um esportista profissional, havendo a possibilidade de uma boa transição para a excelência no esporte.

O foco da pesquisa de Jim e de sua equipe está em responder a uma pergunta bem clara: *"como transformar uma boa organização numa empresa que produz resultados excelentes, mantidos ao longo do tempo"*. Fazendo o paralelo com o golfe, a pergunta será: *"como transformar um bom jogador em um esportista que produza resultados excelentes, e consiga manter regularidade nas tacadas"*. O estudo não comparou somente o que as empresas feitas para vencer têm em comum; pesquisou também o que essas organizações têm de diferenciais que as distinguem das empresas comparativas que obtiveram resultados ruins, e as que não conseguiram sustentar seus excelentes ganhos por um longo período.

Para esclarecer, Jim exemplifica com o conceito do estudo dos medalhistas de ouro. Vamos supor que desejamos estudar os fatores que produziram ganhadores de medalhas de ouro nos jogos olímpicos. Se você estudasse apenas os ganhadores, identificaria que todos eles têm treinadores, mas ao mesmo tempo seria descoberto que todos os atletas e equipes que não ganharam medalhas também tinham seus treinadores.

A questão essencial é: *quais os fatores que diferenciaram os ganhadores de medalhas de ouro, dos atletas e equipes que nunca conquistaram uma medalha?*

Os Eixos da Disciplina

Uma das constatações do estudo de Collins foi a existência dos três eixos da disciplina para excelência: *Pessoas Disciplinadas; Pensamento Disciplinado e Ação Disciplinada*. Vale descrever algumas descobertas interessantes e até curiosas como introdução ao tema:

- Dez dos onze CEOs das empresas feitas para vencer vieram de dentro das próprias empresas, nada de CEO famoso e disputado no mercado.

- As empresas não se concentraram totalmente no *"que fazer"* para serem excelentes; elas se dedicaram também ao *"o que não fazer"*, e no que deveriam *"parar de fazer"*.

- Não houve evidências que o sistema de remuneração dos executivos, as estratégias bem definidas, a tecnologia e programa específico para a mudança causaram transformação para a excelência nas organizações.

A conclusão desses pequenos apontamentos é que, a excelência não é uma função de circunstâncias, é um processo de construção em uma cultura de disciplina caracterizada pela humildade pessoal e firme vontade profissional do líder. A conjugação de colocar a pessoa certa no barco, tirar as pessoas erradas dele, posicionando as pessoas certas no lugar certo com o pensamento disciplinado, tendo na equipe pessoas por características disciplinadas não haverá necessidade de hierarquia e supervisão constante.

Quando houver pensamento disciplinado na organização, não será necessária burocracia, e quando houver ação disciplinada, não precisará de controles excessivos. Mas como saber se a organização está no caminho certo para a excelência? Não é tão fácil ter certeza disso, mas ficou evidente na pesquisa que se a empresa tiver um líder de nível 5, colocando as pessoas certas no lugar certo, se enfrentar a realidade dos fatos, se criar um clima de transparência e verdade, se as decisões forem no contexto porco espinho e se houver disciplina para fazer o que é certo e deixar de fazer as coisas erradas, será alcançada a excelência. Vamos apreciar cada um desses fatores:

Os 7 Fatores da Excelência

1. Um Líder de Nível 5

Na pesquisa foi identificado cinco níveis de hierarquia de competências executivas, fatiadas em camadas e traços específicos desenhados na pirâmide a seguir:

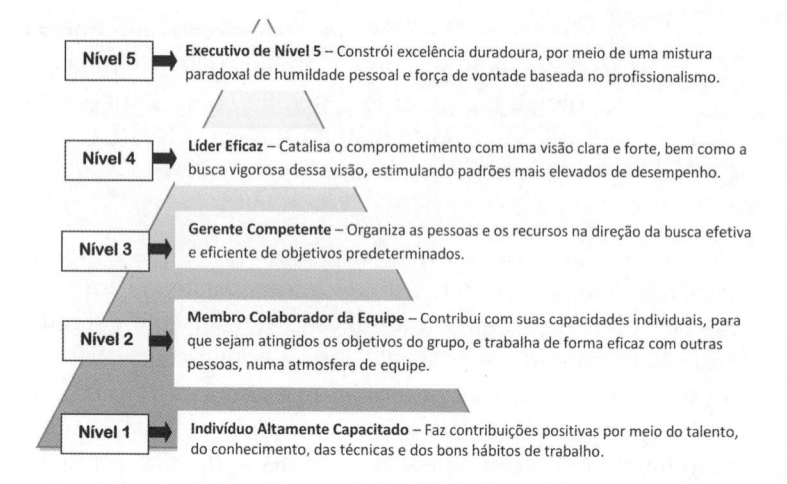

Nível 5 → **Executivo de Nível 5** – Constrói excelência duradoura, por meio de uma mistura paradoxal de humildade pessoal e força de vontade baseada no profissionalismo.

Nível 4 → **Líder Eficaz** – Catalisa o comprometimento com uma visão clara e forte, bem como a busca vigorosa dessa visão, estimulando padrões mais elevados de desempenho.

Nível 3 → **Gerente Competente** – Organiza as pessoas e os recursos na direção da busca efetiva e eficiente de objetivos predeterminados.

Nível 2 → **Membro Colaborador da Equipe** – Contribui com suas capacidades individuais, para que sejam atingidos os objetivos do grupo, e trabalha de forma eficaz com outras pessoas, numa atmosfera de equipe.

Nível 1 → **Indivíduo Altamente Capacitado** – Faz contribuições positivas por meio do talento, do conhecimento, das técnicas e dos bons hábitos de trabalho.

A descoberta relevante na pesquisa foi o perfil do líder para transformar uma empresa boa numa organização excelente, comparando com as características dos líderes cobiçados no mercado por sua personalidade forte, estilo "salvador da pátria" que aparecem nas manchetes de jornais e revistas tornando-se celebridades, muitas vezes atuando no modelo "*gênio com mil auxiliares*". Os líderes das empresas feitas para vencer são quietos, reservados e um tanto quanto tímidos e não gostam de publicidade, preferem fazer acontecer atuando nos bastidores, ao invés dos holofotes e *glamour*.

As características dos executivos de nível 5 estão contempladas pela modéstia com determinação, e humildade para as realizações. Você pode estar se perguntando se para ser um líder de sucesso Nível 5 basta ser humilde e determinado. Cuidado você poderá cometer um grande erro. Esse é apenas o último estágio da camada da pirâmide, para se atingir o nível 5, o líder deverá dominar todos os outros níveis anteriores, superando a tentadora síndrome do "eu-cêntrico", se autopromovendo para se tornar um ícone, com estrelismos, manias e desejando ser o herói da jornada de sucesso.

Para que você se autoavalie em relação a estar próximo ou distante de ser um líder de nível 5, apresentamos um resumo das principais características:

Vontade Profissional	Humildade Pessoal
Gera resultados extraordinários – é um verdadeiro catalisador na transição da empresa boa para empresa excelente.	Exibe uma modéstia irresistível, evitando sistematicamente a adulação pública; jamais fica se vangloriando.
Demonstra determinação inabalável de fazer tudo o que for necessário para gerar os melhores resultados de longo prazo, não importa o grau de dificuldade.	Age com determinação silenciosa e calma; para motivar, confia principalmente em padrões inspirados e não em um carisma inspirador.
Estabelece o padrão para construir uma empresa excelente e duradoura, não investe em nada menos do que isso.	Canaliza sua ambição na empresa, não em si mesmo; prepara seus sucessores para um êxito ainda maior que o dele na geração seguinte.
Olha no espelho, e não na janela, na hora de atribuir responsabilidade pelos resultados ruins; jamais põe a culpa nas outras pessoas, fatores externos ou no azar.	Olha na janela, e não no espelho, na hora de atribuir crédito pelo sucesso da empresa. Atribui os resultados às pessoas da empresa, a fatores externos e à boa sorte.

Algumas dessas características citadas podem ser comparadas ao praticante do golfe. Na característica da humildade pessoal, podemos nos lembrar de alguns conhecidos com incontinência verbal, não param de falar e contar bravatas chegando ao ponto de se tornarem arrogantes e sem consideração para com as outras pessoas. No golfe, a concentração para a tacada é fundamental, basta relembrar os 12 procedimentos básicos para uma boa tacada; imagine fazer tudo isso sem concentração, por ter alguém ao seu lado falando e fazendo barulho, e pior, imagine caminhar no campo por aproximadamente quatro horas com essa pessoa contando histórias sem modéstia e se vangloriando das boas tacadas por todo esse tempo!

Agir de forma determinada e com a calma adequada, é uma das estratégias vencedoras no golfe. Um ditado do golfe é "não importa como você jogou o buraco, o importante é: com quantas tacadas você finalizou o jogo". O que isso quer dizer na prática? Para explicar, vou contar o que me aconteceu no buraco 6, de par cinco, que para um *scratch* (são os melhores jogadores do clube) tem que embocar em 5 tacadas, em mais de 500 jardas, ou seja, um buraco longo.

Estava como *handicap* 23 na época, e nesse buraco poderia embocar em 7 tacadas, duas a mais que o *scratch*. Bati o driver do *tee* de saída e o resultado foi uma trajetória junto às árvores à direita, quase fora do campo, de apenas 130 jardas. A segunda tacada foi maravilhosa, bati magnificamente com a madeira 3, alcançando aproximadamente 215 jardas.

Fiquei animado com a possibilidade de entrar no *green* com a minha terceira tacada; concentrei-me e fiz o *swing*, decepcionadamente a bola andou menos de 45 jardas; recuperei-me psicologicamente e foi para a quarta tacada; novamente apenas 50 jardas. Após três tacadas ruins em um buraco de par 5, não acreditava que poderia fazer um par, e conformei-me com as duas tacadas de vantagem que tinha pelo *handicap* e fui para a quinta tacada, em um *green* grande e bandeira distante, a pelo menos 60 jardas do buraco. Com os amigos me olhando, vendo a minha frustração, disse a mim mesmo: "eu posso fazer melhor do que isso; vou embocar essa bolinha"; olhei para a bandeira, fiz o *swing* e a bola foi em direção ao buraco, pingou duas vezes na grama seca pelo sol ardente, bateu na bandeira e entrou no buraco.

Incrível! Não acreditei no que tinha acabado de acontecer, ouvi os amigos aplaudindo e me parabenizando pela jogada, fortalecendo o meu ego para o próximo buraco. Moral dessa história: "não importa como você jogou o buraco, o imprescindível é com quantas tacadas você o finalizou". Por isso, a determinação, a perseverança humilde devem ser levadas adiante, até o último instante daquilo que você determinou como objetivo.

Uma das várias regras de etiqueta no golfe é o silêncio que todos devem fazer no momento em que o outro jogador está se concentrando para a atacada, até a sua plena execução. Os líderes de empresas feitas para vencer produzem resultados extraordinários em silêncio, inspirando as pessoas a produzirem de forma harmoniosa, utilizando-se de suas competências, evitando os estrelismos e exibicionismos.

A característica de um líder de nível 5 em relação a "Vontade Profissional" tem forte relação à determinação e a vontade de superação de obstáculos de um jogador de golfe. É importante salientar que no golfe você não joga contra um adversário; você joga contra você mesmo, ou seja, contra o seu domínio emocional e mental e os desafios do campo, com seus diversos obstáculos naturais como: árvores, *rough* (zona de relva mais alta e difícil de jogar), lagos, rios, riachos, bancas de areias entre outros.

No golfe, existe um tema que poderia ser fruto de pesquisa psiquiátrica, a "síndrome do lago e da areia", isso ocorre para os jogadores iniciantes; é quando há um lago a sua frente antes do *green*, e/ou quando a sua bolinha cai na banca de areia antes do *green*. Esses obstáculos incomodam terrivelmente e abalam o emocional de uma forma irritante; aquele jogador que ficar com receios da possibilidade de não ultrapassar o lago ou de dar uma tacada e a bolinha não sair da banca, estará com sérias dificuldades de recuperação da sua autoconfiança para continuar o jogo. Por muito tempo sofri dessa síndrome, até hoje se deixar o medo surgir em minha mente, com certeza errarei a tacada nessas situações.

Minha estratégia é a da determinação e da confiança na superação de obstáculo. Quando me encontro em uma dessas duas situações, vou pensando durante o trajeto qual o taco que usarei e qual a melhor posição para sair com sucesso daquela situação, e ao chegar à bolinha digo mentalmente: "vou colocar a bola ao lado da bandeira", e dessa forma determinada estou construindo resultados e superando as dificuldades naturais ao longo da partida.

Outra constatação interessante na pesquisa foi o fato de dez dos onze CEOs das empresas feitas para vencer serem colaboradores promovidos da própria equipe, galgando sua carreira até a presidência por mérito e competência, sendo que apenas três deles assumiram a presidência por herança familiar. Outra propriedade do perfil dos executivos das empresas feitas para vencer está no uso simplista do conceito "Janela e Espelho".

Os líderes de nível 5 olham na janela na hora de atribuir o crédito do êxito ou quando as coisas andam bem, falam da equipe, do conselho e de diversos fatores externos a si mesmo, inclusive da sorte; ao mesmo tempo olham no espelho na hora de atribuir responsabilidades sobre o erro, o insucesso e outros aspectos negativos de resultados. Jamais colocam a culpa em alguém, na equipe, nos recursos, na deliberação do conselho, na liberdade de ação, muito menos no azar quando as coisas andam mal.

Nas entrevistas da pesquisa foram comum as respostas e desculpas dos líderes das empresas de comparação no formato "olhando pela janela". São as empresas do mesmo seguimento e perfil, que não conseguiram efetivar a ruptura para ser uma empresa vencedora, procuravam algum ou alguém que pudessem culpar pelos insucessos. Diferentemente, as equipes das empresas feitas para vencer apontaram o líder de nível 5 como a chave do sucesso, dizendo: "sem a sua orientação, não teríamos nos transformado numa excelente empresa", e por sua vez a maioria dos líderes de nível 5 disseram: "veja todas as pessoas incríveis e a sorte que tornaram tudo isso possível; sou um cara de sorte".

Creio que essa constatação da pesquisa de Collins seja a mais fácil de comparar com o golfe; aliás não só com o golfe, mas em diversas circunstâncias na vida do ser humano. É comum, quando algo não dá certo, colocarmos a culpa em alguém ou em alguma coisa, para não admitir os nossos erros, falhas e limitações. Vemos isso acontecer todos os dias, e no golfe é habitual o jogador errar uma tacada e jogar a culpa no passarinho que cantou, na grama que não está bem cuidada, no taco que não presta, na bola que está velha, no galho da árvore que não foi cortado, no vento que soprou na hora de bater, na falta de areia na banca, no lago que não respeita a sua tacada e por aí vai...

Não faz sentido o golfista colocar a culpa em alguém ou em alguma coisa, pois o seu adversário é ele mesmo, e os seus obstáculos estão nítidos à sua frente, se mandar a bola para a direção certa, na distância certa e na altura certa, com certeza será uma excelente jogada, e receberá aplausos e elogios dos amigos. É incrível, todos sabem desse princípio, mas mesmo assim continuam reclamando e jogando a culpa em alguém ou em alguma coisa! O que posso comentar sobre isso é: "o ser humano é uma pecinha bem estranha mesmo!"

2. Primeiro Quem... Depois o Quê

Essa afirmação mudou completamente o meu conceito; sempre julguei que a sequência de procedimentos para obter resultados em uma organização seria o estabelecimento de uma visão, suas estratégias, suas diretrizes e depois o engajamento e alinhamento das pessoas no foco delineado. O que ficou evidenciado na pesquisa das empresas que conseguiram se transformar em excelentes foi exatamente o oposto, ou seja, todas elas trabalharam, em primeiro lugar, para colocar as pessoas certas dentro do barco e as erradas fora dele, para depois decidir para onde levar esse barco.

Os líderes de nível 5 compreenderam três verdades simples: a primeira é: se você começa com "*quem*", e não com o "*o quê*", pode se adaptar e mudar as velas facilmente para um novo rumo do barco no momento que desejar. A segunda é: se você tem pessoas certas no barco, as dificuldades de gerenciar e motivar as pessoas são inexpressivas, porque elas são automotivadas e desejam fazer parte de uma causa ou de uma grande realização em suas vidas. A terceira é: se você tem pessoas erradas no barco, não importa se você decidiu o mapa certo da rota, haverá muita dificuldade de chegar ao seu destino para a excelência. Uma grande visão sem grandes pessoas é irrelevante.

Os esforços da área de gestão de pessoas em buscar, contratar e reter talentos não é novidade, mas o conceito de colocar primeiro as pessoas certas em sua organização, eliminando as pessoas erradas, antes de definir a visão, o planejamento estratégico, a tática, a estrutura organizacional e até mesmo a tecnologia, é uma grande inovação no processo de gestão, que faz muito sentido, mesmo parecendo uma ideia fácil e simples, tenha certeza de que é um tanto quanto difícil de executar, principalmente pelo apagão de talentos que o mundo corporativo está atravessando no momento.

A ausência de pessoas qualificadas no mercado de trabalho, faz com que algumas organizações desenvolvam seu processo de recrutamento e seleção para contratar os "menos ruins", e, nesse caso, ficam com pessoas erradas no barco; para amenizar essa dificuldade, criam sistemas de compensação na tentativa de conseguir comportamentos certos das pessoas erradas, aumentando o retrabalho de contratação e transformando o treinamento em custos.

Vale pensar um pouco sobre uma frase comumente citada no meio corporativo: "Os funcionários são o nosso ativo mais importante"; com um pequeno adendo, Collins cita, com propriedade, essa frase diferentemente: "As pessoas certas é que são o ativo mais importante da organização".

A pessoa certa no lugar certo também se apropria na escolha de um esporte. Pela complexidade e principalmente pelas necessárias competências (conhecimentos, habilidades e atitudes). Para ser um praticante do golfe, não é qualquer pessoa que consegue aprender e ser um bom golfista. As pessoas com carências de coordenação motora e controle emocional terão enormes dificuldades na prática desse esporte.

Assisto, constantemente, diversas pessoas iniciarem no golfe; tomam aulas e tentam ser disciplinadas sobre as orientações do instrutor, mas não conseguem evoluir. É difícil compreenderem que aquele esporte não tem as características para as suas habilidades naturais, tomam mais aulas, compram tacos melhores, especializam-se em teorias, mas o resultado continua medíocre, simplesmente porque são pessoas sem o perfil adequado, ou seja, pessoa certa no esporte errado.

A relação da retenção de talentos e o sistema de valorização do colaborador devem ser proporcionais às atitudes de um excelente líder. Como o quadro de talentos está escasso nas organizações, encontramos um paradoxo errôneo de distribuição de tarefas e responsabilidades pela liderança, entregando ao excelente colaborador as tarefas complexas, as funções prioritárias, as atividades urgentes e também as importantes, para ter certeza de obter um trabalho bem feito e correto, para evitar graves consequências em sua área, deixando-o sobrecarregado com muitas atribuições, com isso, desmotivando-o e até mesmo desvalorizando-o em detrimento aos colaboradores medianos e com regular desempenho.

Um executivo de banco resumiu esse contrassenso com uma primorosa frase: "A única forma de atender às pessoas que estão dando resultados é não sobrecarregá-las com as pessoas que não estão dando resultados". Não é incomum vermos no dia a dia de uma organização esse tipo de erro de liderança; mais do que um erro é quase uma injustiça para com o profissional que se qualificou e demonstra, em todas as oportunidades, excelente desempenho, resultados e soluções superiores; enquanto os medianos ou medíocres estão aliviados com poucas tarefas e responsabilidades. Recomendo pensar sobre esse assunto e fazer uma rápida reflexão sobre as pessoas que trabalham sob sua liderança.

O sucesso das empresas excelentes passa por uma cultura de disciplina e rigor em algumas ações. A palavra rigor nos leva a dimensões de inflexibilidade, rigidez, dureza até mesmo crueldade, mas não devemos entender dessa forma. Existe uma diferença entre ser rigoroso e implacável. Ser implacável significa retalhar e cortar pessoas nos períodos de crise, sem qualquer ponderação e consideração. Ser rigoroso significa aplicar, com bom senso, padrões precisos em todos os momentos e em todos os níveis da organização, principalmente no alto escalão.

Da pesquisa, foram extraídas três regras básicas para ser rigoroso, em vez de implacável:

- **Regra 1** – na dúvida, não contrate: continue procurando. David Packard co-fundador da HP disse: "nenhuma empresa pode aumentar sua receita, de forma constante, mais rapidamente do que a sua capacidade de recrutar as pessoas certas em número suficiente para implementar esse crescimento".

- **Regra 2** – quando você sabe que precisa mudar uma pessoa, aja. No momento em que um líder necessitar controlar de perto um profissional, é o sinal de que a contratação foi errada. Deixar as pessoas erradas no cargo é injusto para com todas as pessoas certas, por terem que compensar as inadequações das pessoas erradas. Esse procedimento pode motivar as pessoas certas a procurarem outro local para trabalhar.

- **Regra 3** – inclua suas melhores pessoas nas melhores oportunidades, não em seus maiores problemas. Quando um líder quer se livrar dos seus maiores problemas, normalmente acaba cometendo o erro de se livrar também dos seus melhores profissionais, delegando a eles suas dificuldades e não suas oportunidades.

Colman Mockler, CEO da Gillete, afirma que: "Cada minuto devotado a colocar a pessoa certa no lugar certo vale semanas de tempo, mais tarde".

3. Enfrentar a Verdade "Verdadeira"

Enfrentar a realidade dos fatos e acontecimentos de frente, requer coragem e humildade de um líder, principalmente no reconhecimento de que errou, de que sua previsão não se concretizou, que o produto lançado não caiu no agrado do consumidor, que existe realmente uma situação delicada na economia, que o mercado mudou exigindo transformações na sua empresa, e que a sua ideia do programa interno, na prática, sequer saiu do papel. É uma situação para ser enfrentada somente pelos fortes, em vários aspectos.

Todas as empresas que trilharam o caminho da excelência encontraram o seu caminho de ruptura enxergando e enfrentando, verdadeiramente, a realidade da situação naquele período decisivo. Com esse esforço e diligência, ficou clara a decisão certa a ser tomada. É praticamente impossível tomar boas decisões sem enfrentar a realidade nua e crua.

Uma das significativas realidades de um líder em relação à motivação da sua equipe está distorcida. Se você tem na sua equipe as pessoas certas, não é necessário criar ações de motivação, elas são automotivadas por natureza. A maior preocupação de um líder é evitar ações que desmotive as pessoas que trabalham com ele.

Na pesquisa de Collins, evidenciou quatro práticas para prevalecer um clima de verdade e enfrentamento dos fatos de forma realista:

1- **Lidere com perguntas, não com respostas:** o líder de nível 5 sabe que não existem respostas prontas para levar uma empresa na condição *"boa"* para a de *"excelente"*, simplesmente comunicando e esperando que todos sigam sua visão. Novamente a humildade entra em cena, captando os fatos que ainda não compreende o bastante para ter todas as respostas, fazendo perguntas para os seus colaboradores, clientes, fornecedores, enfim todas as partes envolvidas, para obter resultado, *insights*, alternativas, soluções possíveis e maior possibilidade de acertar.
2- **Envolva-se no diálogo e no debate, não na coação:** essa prática se desenvolve nas reuniões internas. Escuto, de muitos profissionais, que as reuniões são improdutivas, agressivas e que as vaidades suplantam o foco para a solução dos problemas e tomada de decisão, diversas vezes regida pela coação do líder.
As empresas feitas para vencer mostraram inclinação para o intenso diálogo e virtuoso debate interno. Reuniões com debates acirrados, discussões calorosas, lutas intestinas e conflitos saudáveis foram citadas em diversas entrevistas como um recurso fundamental para a tomada de decisão acordada, e evolução no pensamento estratégico compartilhado, valendo-se, positivamente, das intensas discussões com o propósito de encontrar a melhor saída para os problemas e obter o empenho, engajamento e comprometimento para a execução.
3- **Faça autópsias, mas não jogue a culpa nos outros:** todos os CEO´s das empresas feitas para vencer

falaram abertamente, e quase que terapeuticamente, sobre suas derrotas, fracassos estrondosos e erros de dar vergonha em profissionais iniciantes, mas nenhum deles apontou o dedo indicador para culpar alguém, exceto um deles que apontou o dedo olhando-se no espelho. Todos buscaram o compromisso da sua equipe para extrair o máximo aprendizado do preço que foi pago pelo erro.

Quando um líder faz autópsias para encontrar o erro e principalmente um culpado, cria um clima onde a verdade não prevalece, muitas vezes fugindo da realidade nua e crua da situação. Se você tem as pessoas certas no barco, quase nunca deverá culpar alguém; deverá apenas buscar o debate de entendimento para o aprendizado e a solução dos problemas.

4- **Crie mecanismos de bandeira vermelha:** verificou-se que os níveis de informações entre as empresas feitas para vencer e as de comparação eram semelhantes. A diferença ficou no tratamento dessas informações, ou seja, as empresas que se transformaram em excelente, simplesmente não ignoraram as informações, criaram mecanismos de alertas e análises constantes para mudar a rota sempre que necessário e em tempo hábil.

A conjunção "mas" e o pronome "se" são os maiores escudos de um jogador de golfe, vejamos os exemplos abaixo:

— Se a bola não tivesse batido naquele galho, estaria dentro do *green*!
— Posicionei-me bem para a jogada, mas usei o taco errado!
— Se o lago fosse um pouco menor, teria conseguido ficar em uma boa posição!
— Analisei com cuidado a caída, mas não contava com tanta descida assim!

Poderia citar diversas frases desse tipo, cheia de "se" e "mas", comumente pronunciadas durante o jogo e contadas no buraco 19. Você deve estar se perguntando, como assim buraco 19 se no golfe há somente 18 buracos! É que de uma forma divertida chamamos o bar e o restaurante de buraco 19, o local onde todos terminam a partida, confraternizando-se com uma boa cerveja e boas histórias sobre a partida.

Todos aqueles que se utilizaram de "se" e "mas" foram vítimas da realidade nua e crua, não conseguiram encarar a verdade de que o único culpado da tacada ter sido um desastre foi ele próprio. A transferência, fruto de estudos da psicologia, é ativada com facilidade, o ser humano gosta de colocar a culpa dos seus erros em alguém ou em alguma coisa. Uma característica marcante do golfe é a impossibilidade de refazer a tacada, como dizem: "errou, está errado!".

O bom jogador de golfe sabe fazer autoanálise, reconhecendo suas limitações e as dificuldades de superação dos obstáculos no campo, de forma realista e verdadeira. Esse requisito pode fazer muita diferença na montagem da estratégia para o sucesso da jogada. Com discernimento, analisa a situação comparando-a com suas limitações para tomar a melhor decisão de execução.

A ultrapassagem de um lago é sempre um obstáculo temeroso, isso porque quando a bola cai no lago, o jogador é penalizado com uma tacada a mais. Vamos imaginar que você esteja em um buraco de par três, e à sua frente um lago longo e largo, você dá a primeira tacada, mas a bola cai na água, você ganha mais uma tacada como penalidade, é obrigado a bater novamente na entrada do lago. Perceba que até aqui você nem sequer entrou no *green* e já bateu a terceira bola em um par três.

Se você reconhece a verdade nua e crua de que não tem confiança e distância suficiente para colocar no *green* em apenas uma tacada, você poderá usar a tática de bater a primeira tacada antes do lago e a segunda tentar colocar no *green*. Com essa estratégia, você poderá estar muito mais perto do buraco na segunda tacada, e com competência, embocar em mais uma tacada; você terá feito o par do buraco, apenas analisando e enxergando a verdade de forma transparente e estratégica, conquistando um excelente resultado final.

4. O Paradoxo Stockdale

Várias empresas que fizeram a transição de empresa boa para excelente enfrentaram crises e consideráveis reveses em sua caminhada, com uma poderosa dualidade psicológica das equipes e das lideranças. De um lado aceitaram disciplinadamente a realidade nua e crua da situação, e do outro, mantiveram uma fé inabalável de triunfar. O paradoxo Stockdale é uma homenagem ao almirante americano Jim Stockdale, que viveu a experiência, como prisioneiro na guerra no Vietnã, de ser torturado por mais de vinte vezes, nos oito anos de cativeiro. Não havendo certeza de sobrevivência ou possibilidade de retorno à sua família, ele assumiu o comando e fez tudo que pôde para criar condições que aumentassem o número de prisioneiros com esperança de sobrevivência, com algumas ações:

- Chegou a bater e se cortar com objetos e lâminas, ferindo-se com o propósito de não ser filmado como exemplo de prisioneiro bem tratado.
- Trocou informações secretas com sua esposa, por meio de cartas, sabendo que poderia lhe causar mais tortura e até a morte.
- Instituiu regras que ajudavam as pessoas a lidar com a tortura.
- Implantou um sistema interno de comunicação, entre os prisioneiros, para reduzir a sensação de isolamento que os captores tentavam criar.

Collins, em um emocionante encontro com Stockdale, escutou em resposta à sua pergunta sobre não desistir: "Jamais perdi a fé que sairia vivo, e que também venceria no final e transformaria aquela experiência num divisor de águas da minha vida – experiência que, em retrospectiva, eu não trocaria por nada". Existe uma diferença entre ter fé e ser otimista; muitos dos prisioneiros não conseguiram resistir porque eram otimistas, ficavam falando o tempo todo que no Natal estariam fora daquele lugar, que na páscoa seriam libertados, que no dia de Ação de Graça iriam rever sua família; e quando chegava o Natal, a Páscoa e as outras datas nada acontecia, por mais que fossem advertidos por Stockdale que não iriam sair daquele lugar no Natal, e que era preciso enfrentar essa realidade. E sem escutá-lo, eles morriam aos poucos com o coração partido.

Inevitavelmente sofreremos adversidades em nossa vida, às vezes a nosso favor, às vezes contra nós, com decepções, retrocessos, doenças, revoltas e outras palavras mais. O importante não é a ausência ou a presença de dificuldade, e sim a forma como enfrentamos e lidamos com a realidade dos nossos acontecimentos. O Paradoxo de Stockdale nos ensina que devemos manter a fé em que iremos vencer no final, independente das dificuldades, ao mesmo tempo devemos enfrentar a realidade nua e crua da situação, seja ela qual for. As empresas feitas para vencer, de uma forma especial, encontraram-se no Paradoxo Stockdale, enfrentaram as diversidades, igualmente como as empresas de comparação, mas reagiram diferentes, porque encararam a realidade da situação e saíram mais fortalecidas, por manter a fé no positivo resultado final, independentemente das dificuldades apresentadas na trajetória.

5. Conceito Porco-espinho

Para a construção de uma empresa excelente, a pesquisa de Collins demonstrou que é essencial haver pessoas disciplinadas, com um líder de Nível 5 e depois estruturar primeiro o "quem" depois o "o que". O segundo bloco aponta, como essencial, ter pensamento disciplinado, enfrentando a verdade nua e crua; e nesse terceiro bloco acrescentou o conceito "Porco-espinho", inspirado na antiga parábola grega da raposa e do porco-espinho:

"A raposa sabe muitas coisas, mas o porco-espinho sabe uma coisa muito importante". A raposa é um animal astuto, capaz de vislumbrar uma miríade de estratégias complexas para atacar de surpresa o porco-espinho. Todos os dias, a raposa fica cercando a toca do porco-espinho, à espera do momento oportuno para atacá-lo. Rápida, traiçoeira, agitada e manhosa, a raposa parece ter tudo para vencer. O porco-espinho, por sua vez, é desajeitado, anda por aí balançando o corpo, vivendo sua vidinha simples, correndo atrás do almoço e cuidando da casa.

A raposa aguarda, em silêncio calculado, no cruzamento do caminho. O porco-espinho distraído, pensando na própria vida, cai direto no caminho da raposa.

— Ah, agora te peguei! Pensa a raposa.

E salta, arremetendo contra o solo, movendo-se com grande rapidez. O pequeno porco-espinho, percebendo o perigo, olha e pensa:

— E lá vamos nós de novo. Será que ela nunca vai aprender?

Enrolando-se todo, como uma bola perfeita, o porco-espinho se transforma em uma esfera de pontas afiadas, apontadas em todas as direções. A raposa, pulando sobre a presa, vê a defesa do porco-espinho e interrompe o ataque. Todos os dias há uma nova versão dessa batalha entre o porco-espinho e a raposa e, apesar da grande astúcia dessa última, o porco-espinho sempre vence.

A partir dessa parábola, podemos desenvolver uma adaptação entre as pessoas e as empresas tipo raposa ou porco-espinho. O tipo raposa ataca várias frentes de uma vez, e enxergam as coisas com complexidade, dispersam-se com facilidade e nunca unificam o seu pensamento e foco. O tipo porco-espinho, por sua vez, simplifica ao máximo as coisas complexas e as transformam em uma ideia organizada, em um princípio básico ou um conceito que unifica e orienta tudo.

Para exemplificar esse conceito do porco-espinho, podemos citar alguns talentos que causaram impacto na humanidade com realizações porco-espinho como: Freud e o inconsciente, Darwin e a seleção natural das espécies, Marx e a luta de classe, Einstein e a relatividade, Adam Smith e a divisão do trabalho – todos eles conseguiram trabalhar em temas complexos transformando-os em teorias simples. Os porcos-espinhos não são simplórios e ingênuos, eles têm percepção aguçada que lhes permite enxergar através da complexidade e discriminar padrões subjacentes; eles veem o que é essencial e simplesmente ignoram o resto.

Os líderes e pessoas que conquistaram a ruptura para empresas vencedoras eram e usaram, em maior ou menor grau, o conceito do porco-espinho. Já as empresas de comparação que não alcançaram a excelência tendiam a ser e utilizar o conceito da raposa, tornando-se empresas dispersas, imprecisas e inconsistentes. Toda equipe participante do estudo chegaram à conclusão de que as 11 empresas que conseguiram transformar-se em excelente, utilizaram-

-se de práticas e soluções incrivelmente simples, adotando--as como ponto de referência para todas as suas decisões. Collins retrucou com a sua equipe na seguinte reflexão: "mas será que basta a simplicidade? Só porque uma coisa é simples não significa que esteja certa! O mundo está cheio de empresas fracassadas que tiveram ideias simples, porém erradas".

Após uma boa análise, a equipe conseguiu concluir que, as empresas feitas para vencer basearam-se numa profunda compreensão de três dimensões, traduzindo com simplicidade o resultado pela interseção entre os três círculos do Conceito Porco-Espinho:

Diagrama de Venn com três círculos:
- A atividade que o apaixona profundamente
- A atividade na qual você pode ser o melhor do mundo
- O que move o seu motor econômico

- **A atividade na qual você pode ser o melhor do mundo.** Não se trata apenas de ser forte ou ter competência, mas de entender qual é a atividade em que sua organização tem verdadeiro potencial para ser a melhor entre as melhores. O único caminho para a excelência é a empresa se concentrar exclusivamente no que ela sabe fazer de melhor.

- **O que aciona o seu motor econômico.** Está relacionado aos *insights* e ações para gerar um fluxo de caixa e lucratividade eficaz e contínuo.
- **O que lhe desperta paixão.** As empresas que se tornaram excelentes dedicaram-se às atividades que lhes despertaram paixão de fazer e ser.

Para compreender rapidamente a dimensão dos três círculos, considere a possibilidade de você desejar edificar a sua carreira profissional, e tivesse que passar pelos três testes que se seguem:

1- Você está fazendo um trabalho para o qual você tem um talento genético ou divino; tem a impressão de que nasceu para fazer isso e talvez você possa se tornar um dos melhores do mundo na aplicação desse talento?
2- Você está fazendo um trabalho pelo qual está apaixonado e absolutamente ama fazer e tem prazer no processo em si? Fica ansioso para levantar e mergulhar em seu trabalho, e realmente acredita no que está fazendo?
3- Você está sendo pago para fazer o que faz? Chega a pensar que está sonhando quando recebe dinheiro para fazer o que mais gosta na vida?

Se você respondeu sim às três perguntas, você está caminhando em direção a interseção dos três círculos do conceito porco-espinho, possivelmente com simplicidade, orientando-o nas escolhas e compreensões de sua vida. A estratégia do porco-espinho é simples e eficaz, não requer grandes táticas, apenas utiliza-se do seu melhor recurso natural com excelentes resultados. Sabemos que para alcançar o sucesso no golfe são necessárias habilidade natural, estratégia simples, lógica e muita humildade para escolher a tacada mais simples e de menor risco.

A vaidade e, às vezes, a arrogância de um jogador de golfe são enormes. Mesmo não havendo uma competição direta com o seu colega de jogo, está implícito você querer jogar no mesmo nível dele, ou seja, se ele conseguiu dar um drive de 280 jardas reto e no meio do campo, praticamente você fica no compromisso moral de fazer igual ou melhor; é aí que mora o perigo!

Nesse momento você começa a criar uma estratégia estilo raposa para fazer melhor do que ele, acreditando que a fórmula "força é igual distância", acaba segurando o *grip* com vontade demais, enrijecendo os músculos fazendo um movimento muito rápido e a consequência é uma só – uma péssima tacada. No golfe, a estratégia porco-espinho é a melhor de todas. Quanto mais simples, leve e descontraído forem os seus movimentos, melhor será à distância e a direção da sua atacada. Quanto menos audácia na escolha da superação do obstáculo, melhor será o resultado com um ganho de confiança excepcional, para continuar o objetivo de embocar a bola em menos tacadas.

É comum uma bola batida com certa deficiência ficar em uma área com diversas e grandes árvores à sua volta, sem tiro, quer dizer que a bola está em uma situação que não há nenhuma possibilidade de tentar uma tacada direta para o buraco, e, mesmo assim, o jogador com o pensamento de raposa acredita que conseguirá dar uma tacada do tipo raio-X, fazendo com que a bola passe entre e por todas as árvores no caminho; ou que irá conseguir mandá-la por cima das árvores, algumas com mais de 15 metros de altura. Doce ilusão! O resultado quase sempre se dá no ricochetear da bola, ficando praticamente no mesmo lugar e muitas vezes em uma dificuldade maior.

O jogador, com pensamento porco-espinho, simplesmente busca a passagem da bola para a parte aberta do campo, mesmo que isso implique em deixar a bola mais distante do buraco, porém com a possibilidade de dar uma tacada direta ao buraco, obtendo um melhor resultado numérico e principalmente psicológico para continuar a partida.

6. Cultura da Disciplina

Uma organização burocrática, cheia de regras, normas, procedimentos, instruções normativas, códigos, mandamentos, cartilhas e manuais de diversos tipos é o espelho da ausência de disciplina. Não estamos dizendo que as organizações não devam ter regras e procedimentos claros e bem comunicados a todas as partes envolvidas. Estamos falando do excesso de burocracia como evidência de uma empresa indisciplinada, que compensa sua incompetência de gestão e pessoas erradas no barco com implantação de normas e manuais.

Quando você tem as pessoas autodisciplinadas, fica fácil criar uma cultura de disciplina; conseguirá uma alquimia mágica de desempenho superior e resultados prolongados. Não há necessidade de ficar dirigindo e/ou supervisionando o tempo todo as pessoas disciplinadas. A cultura da disciplina está intimamente ligada aos três círculos do conceito porco-espinho, ou seja, às empresas que conseguirem descobrir o seu próprio conceito porco-espinho, poderão crescer com a cultura disciplinada de manter-se nos três círculos, criando oportunidades atraentes de resultados e contribuições para a excelência.

Collins descreve um pensamento interessante sobre as oportunidades para as empresas excelentes: "Na verdade, uma empresa excelente está muito mais propensa a morrer de indigestão por excesso de oportunidades do que de fome pela falta delas."

É comum a concentração de esforços das organizações na análise e decisão das coisas que devem fazer, utilizando-se de diversos instrumentos como planejamento estratégico, BSC, análise de valor entre outros. Claro que é muito importante as empresas terem a sua visão para saberem onde querem chegar, suas estratégias com objetivos claros e bem mensurados, mas não é tão comum as organizações analisarem e elaborarem uma lista de "coisas para deixar de fazer". As pessoas que construíram as empresas feitas para vencer fizeram as duas listas; as das coisas para fazer e as das coisas para não fazer.

César Souza afirma no seu livro *A NeoEmpresa* que, "a origem de muitos problemas organizacionais está em algumas ideias mortas, no mínimo obsoletas, que ainda guiam nossas empresas em pleno século XXI". São ideias que não conseguimos nos livrar, determinando a forma de gestão, governança, liderança e nossas escolhas na hora da tomada de decisão. Mudar a forma de pensar é tão difícil quanto aderir a uma nova religião ou trocar o time de futebol que sempre torceu.

Algumas das principais "ideias mortas" que precisamos sepultar para iniciarmos a construção das novas Neoempresas:

- **O cliente é responsabilidade somente da área de vendas** – hoje o cliente deve ser responsabilidade de todos na organização.

- **Os clientes compram somente produtos e serviços** – hoje os clientes compram sonhos, desejos e expectativas.

- **Conheço os clientes como a palma da minha mão** – ninguém conhece o cliente em sua totalidade e profundamente.

- **A empresa melhora seu preço apertando seus fornecedores** – se os seus fornecedores morrerem, essa empresa possivelmente irá acompanhá-lo.

- **O maior concorrente de uma empresa é quem fabrica os mesmos produtos ou serviços** – o maior adversário de uma empresa está quase sempre dentro da própria casa, por má gestão e seus custos invisíveis.

- **Tamanho é documento** – mais da metade das fusões fracassam e não conseguem o resultado arquitetado.

- **Ser pioneiro no lançamento de um produto ou serviço é garantia do sucesso** – basta lembrar que a Xerox inventou o primeiro computador pessoal; a Amazon.com foi a quinta a vender livros no mercado virtual, e outras dezenas de exemplos para entender que esse pensamento não serve mais.

- **Sucesso é ser melhor que o concorrente** – as empresas perdem o foco porque ficam obcecadas pelo concorrente, esquecendo-se de fazer o tema de casa na busca da sua própria superação e evolução.

- **Estrategistas são visionários** – esse pensamento afastou o planejamento da execução, e de fazerem as coisas acontecerem para atingir os resultados desejados.

- **O empregador é a empresa** – o verdadeiro empregador é o cliente.

- **Plano de Carreira é responsabilidade da empresa** – a responsabilidade pela carreira profissional é tarefa pessoal e intransferível de cada profissional.

- **Profissional competente é o *expert*** – hoje o multiespecialista e o multicompetente são profissionais desejados pelo mercado. A Era dos especialistas está chegando ao fim.

- **Profissional acima de 50 anos não serve mais** – as empresas estão jogando fora o seu capital intelectual, conhecimentos e *expertises* simplesmente por preconceito. Sabedoria não se aposenta!

Para a execução das duas listas é necessária muita disciplina, principalmente para a lista das coisas para não fazer, exigindo forte atitude para deixar de lado todo tipo de bobagem sem importância para o resultado duradouro do negócio. Um bom exemplo dessa premissa está no orçamento anual das empresas. A maioria das empresas elabora o seu orçamento com a regra de distribuição, ou melhor, o "quanto" cada área ou projeto irá receber de verba para o ano em exercício. No conceito porco-espinho essa regra seria um erro. As empresas que conseguiram a transição de boa para excelente, usaram uma regra diferente: decidiram quais as áreas e projetos que deveriam receber recursos e serem fortalecidas, e quais as áreas e projetos que não deveriam ser custeados de maneira nenhuma, e até mesmos serem eliminados.

Para criar uma cultura de disciplina é importante engajar as pessoas certas em um sistema coerente, oferecendo liberdade e responsabilidade, não sendo apenas ações disciplinadas, tem de haver o pensamento e a execução disciplinada. Você e sua organização estão trabalhando com as duas listas? E ainda de forma disciplinada?

Disciplina é uma palavra ou uma ação das mais importantes no golfe. A grande busca de um jogador, independente do seu handicap, é manter regularidade no seu jogo. Isso quer dizer que durante várias partidas de 18 buracos, manterá a regularidade com o mesmo número de tacadas, dando-lhe confiança para uma nova fase de melhoria. Para manter o jogo com regularidade será exigido a disciplina de jogar no mínimo duas vezes por semana, treinar constantemente as principais tacadas que são o *approach* (tacada de aproximação que leva ao *green*) e o *Putt* (tacada suave que tem por objetivo jogar a bola no buraco).

Encontra-se disciplina para o alongamento antes do jogo, o aquecimento, a vestimenta adequada, as regras de etiqueta, o cuidado com o campo e caminhar rapidamente no campo para não atrasar os próximos colegas, e creio que não podemos deixar de mencionar a disciplina mental e psicológica, através da concentração e preparação metal para o jogo.

Muito mais do que criatividade, o golfe é a arte disciplinada da repetição. Tiger Woods tem uma frase famosa, em um certo dia lhe perguntaram o porquê ele tinha tanta sorte, e ele respondeu: "quanto mais eu treino mais sorte tenho".

7. A Tecnologia como Acelerador

Passamos pelas pessoas disciplinadas, pelo pensamento disciplinado e pela ação disciplinada através da construção de uma cultura da disciplina para atingir a excelência. Para findar o ciclo e completar a ação disciplinada, trataremos de mostrar como a tecnologia acelerou a ruptura das empresas feitas para vencer.

Na atualidade do mundo digital, temos diversos exemplos de sucesso explosivo como a internet, mas na história da evolução corporativa tivemos vários ícones no estilo porco-espinho, que nos orientam na observação de como a tecnologia pode acelerar um negócio, exemplos: as ferrovias, a eletricidade, o rádio, a televisão, o micro-ondas entre outros. Ao longo de todos os inventos tecnológicos, as organizações excelentes adaptaram-se e usaram a nova tecnologia para acelerar o seu empreendimento.

Constatou-se que as empresas feitas para vencer utilizaram de tecnologias sofisticadas criteriosamente selecionadas, como acelerador do seu crescimento e resultados, e não somente como um gerador de velocidade, conjugado à interseção dos três círculos do conceito porco-espinho. Sem dúvida a tecnologia é importante no processo de excelência, mas não houve evidências na pesquisa que a tecnologia foi a principal causa do sucesso ou do declínio das organizações analisadas.

A história do lançamento pioneiro de tecnologia nos mostra que, a primeira empresa a lançar a novidade raramente venceu no final. O VisiCalc foi à primeira planilha eletrônica de cálculo dos computadores pessoais, superado pelo Lotus 1-2-3 e, em seguida, pelo Excel. No seguimento de computadores, a primeira foi a Remington; depois, a IBM; hoje, Dell e Sony, e, assim, poderíamos fazer uma longa lista de vários exemplos nos seguimentos de aviões, sistemas de gestão, assistentes pessoais, comunidade de internet entre outros, que foram líderes em tecnologia, mas que não conseguiram se tornar excelentes até o fim.

Um ótimo exemplo é a derrota dos Estados Unidos no Vietnã. Os Estados Unidos tinham a força de combate mais avançada tecnologicamente que o mundo vira até aquele momento: super jatos de combate, sensores de fronteira, armas ultramodernas, computadores, sofisticados sistema de comunicação. Enquanto isso, as forças vietnamitas reconheciam sua inferioridade tecnológica diante do seu inimigo, mas os americanos acabaram acreditando em uma falsa sensação de invencibilidade pela alta tecnologia desenvolvida para ganhar a guerra.

A tática utilizada pelos vietnamitas foi a de engajar em um conceito simples e coerente: uma guerrilha de atritos cujo objetivo era corroer, sistematicamente, o apoio do público americano à guerra, em paralelo aos tropeços e estratégias ineficazes dos Estados Unidos, sem jamais conseguir a supremacia desejada. A lição que tiramos desse exemplo é que não podemos acreditar cegamente na tecnologia como a chave do sucesso, a confiança inconsequente nela poderá ser um risco e não um ativo. Nenhuma tecnologia, por si só, poderá transformar uma empresa boa numa organização excelente, como também, nenhuma tecnologia poderá transformar você em um líder de nível 5, ou transmutar as pessoas erradas em pessoas certas para fazer parte da sua equipe.

A tecnologia no golfe é assustadora e caminha a uma velocidade estonteante, todos os anos há lançamentos de tacos, varas, bolinhas, carrinhos, entre outros equipamentos, com tecnologia de ponta, algumas utilizadas inclusive na NASA. Não tenho dúvidas de que um bom jogo de tacos e uma boa bolinha podem contribuir com o seu jogo, mas ainda o mais importante é o ser humano que deverá desenvolver uma coordenação de movimentos complexos e precisos, uma disciplina com determinação, seu psicológico equilibrado e plena concentração para obter um excelente resultado em suas tacadas.

As pessoas certas querem de alguma forma fazer parte de uma equipe vencedora; querem contribuir com resultados tangíveis e concretos; querem sentir a emoção de estarem envolvidas em algo que está dando certo; querem enxergar os resultados do seu trabalho para se alinharem ainda mais; querem a oportunidade de participar das decisões; querem pronunciar a realidade do que passa no seu setor de forma nua e crua; querem ver os colegas envolvidos e comprometidos com os planos traçados; querem ver o líder ser o exemplo inspirando confiança a todos da organização. Quando as pessoas começam a sentir e ver esse momento mágico, o volante da excelência começa acumular velocidade, o alinhamento aumenta e se espelha por toda empresa, fazendo-o virar para o lado certo; chamamos isso de consciência e/ou coerência.

Transformação de "boas a excelentes" em geral não acontecem de uma vez; é um processo orgânico e cumulativo, não há uma ação isolada, um programa específico, uma inovação, um momento de sorte decisivo para o sucesso. As transformações seguem um padrão contínuo de construção e ruptura, muitas vezes não percebido pelas pessoas envolvidas, porque simplesmente foi acontecendo no decorrer do tempo. O que as empresas que conseguiram produzir resultados com "R" maiúsculo fizeram, foi:

- Colocaram as pessoas certas nos lugares certos, e tiraram as pessoas erradas do barco.
- Nunca desistiram de girar o volante para o lado certo, sem perder a fé até o final da construção do sucesso – Paradoxo Stockdale.
- Enfrentaram as situações de forma realista e verdadeira, para enxergar os passos óbvios a serem dados.
- Compreenderam de forma coesa a importância dos três círculos do conceito porco-espinho.
- Pisaram no acelerador quando tiveram oportunidade de implantar tecnologia;
- Tiveram disciplina o tempo todo, para tomarem decisões acertadas, coerentes com o seu conceito porco-espinho.
- Através de pessoas disciplinadas, obtiveram ações de execução disciplinadas;
- Mantiveram, durante toda viagem, um líder de nível 5.

Lendo e relendo esse conteúdo, podemos concluir que o alcance do sucesso das empresas feitas para vencer foi fruto de humildade, simplicidade, fé e disciplina. Até parece muito pouco para que um atleta ou uma organização consiga chegar a resultados de excelência com essa receita, por isso a cada reflexão que faço no meu dia a dia chego à conclusão de que é verdadeira a máxima de que "às vezes, menos é mais".

Livro III —

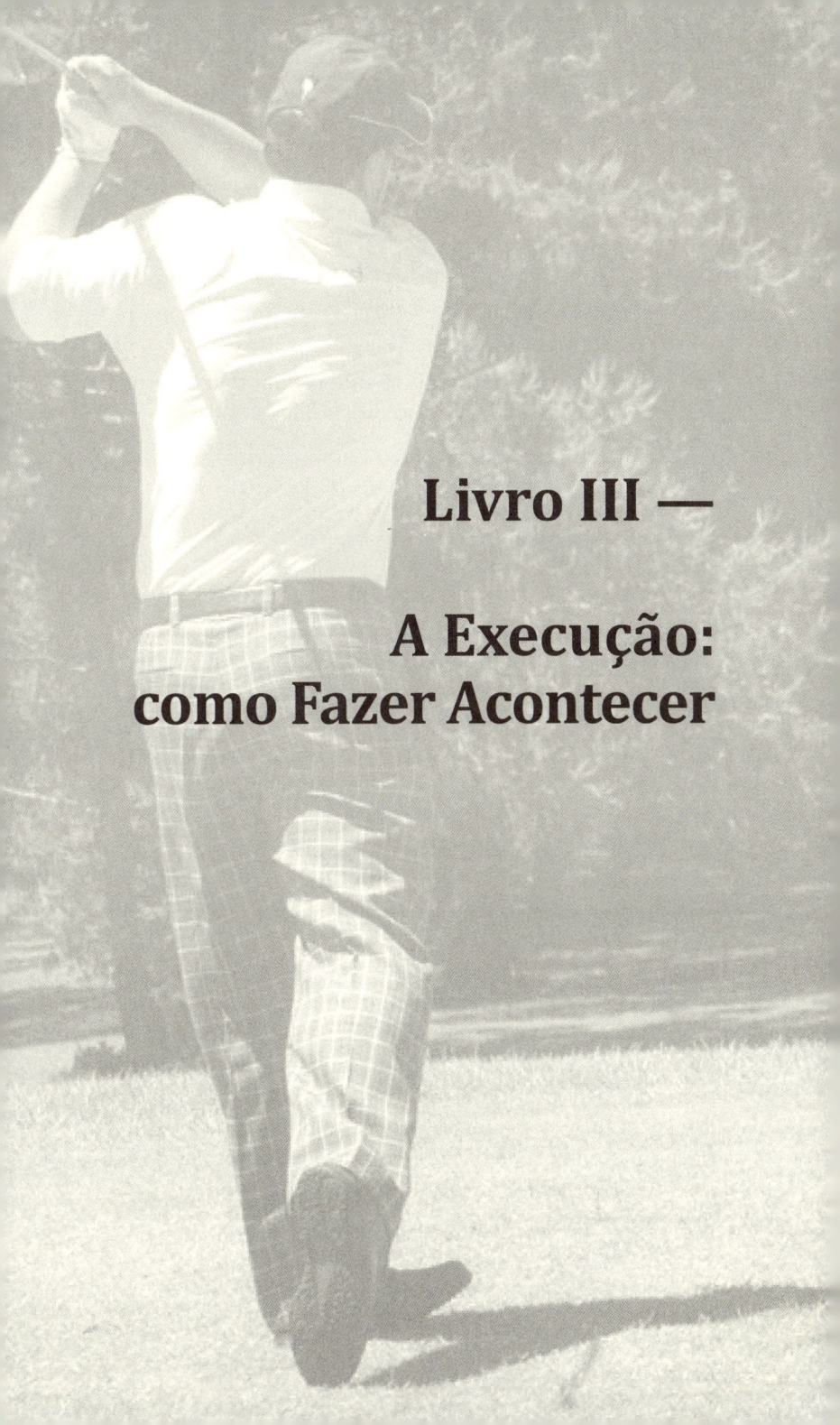

A Execução: como Fazer Acontecer

A analogia entre execução e golfe desse capítulo está apoiada no livro Execução: a disciplina para atingir resultados de Ram Charan e Larry Bossidy.
    No jogo de golfe existe uma frase muito comum: "você erra todas as tacadas que não dá". A execução disciplinada da técnica, a atitude e o planejamento farão a diferença entre você ser um campeão ou um sonhador. Imagine essa situação:
    Estamos no final de novembro, você contratou uma consultoria recomendada por um amigo para desenvolver o planejamento estratégico da sua empresa, para o próximo ano, com a expectativa de aproveitar as oportunidades e melhorar os resultados. Foram marcados os encontros com todos os líderes setoriais, e de forma participava; ao final dos trabalhos chegaram com todas as metas desdobradas por departamentos, com os seus respectivos planos de ação e indicadores, com a equipe unida e muito motivada para realizar o que haviam se comprometido. Você está animado, entusiasmado e até confiante nos resultados futuro, porque tudo deu certo e o trabalho fechou de forma maravilhosa, conscientemente acreditando que não tem como dar errado!
    O ano seguinte chegou ao fim, para sua decepção, as metas não foram concretizadas, os indicadores ficaram abaixo dos acordados no encontro do ano passado, a equipe está assustada e em conflitos, a motivação foi para o ralo, tendo

como consequência um resultado medíocre. A pergunta que está no ar é: "onde foi que errei? Por que deu tudo errado?".

Nessa hora, a explicação mais comum é que a estratégia estava errada, entregando a esse único tema o causador *mor* do insucesso.

A verdade é que as estratégias frequentemente dão erradas porque não foram bem executadas; as coisas que deveriam acontecer não aconteceram, por incapacidade de liderança e gerenciamento. Sem execução, uma ideia inovadora se esfacela, uma aprendizagem sem efetivação não agrega valor, um profissional não consegue cumprir seus objetivos e as revoluções necessárias na organização morrem na praia.

Sem uma boa execução, a empresa consegue uma mudança para pior, pois o fracasso consome energia de toda organização. Como dizem os autores: "a execução é o elo perdido entre aspirações e resultados", sendo o mais importante trabalho a ser realizado pelos líderes. Se você estiver com líderes que não sabem executar no barco, é hora de repensar todo seu design organizacional.

Quando pedimos para as pessoas explicarem o que é execução, em geral, as respostas são boas, elas dizem: "é fazer acontecer as coisas; é fazer aquilo que foi planejado; é atingir as metas", entre outras falas. Mas, quando se pergunta como fazer acontecer, o assunto fica enlanguescido, quer seja para acadêmicos ou CEO´s de várias empresas; fica evidente que ele não tem a mínima ideia do que significa executar. Para entender, com propriedade, o que é execução, você precisa ter em mente três princípios fundamentais:

1. Execução é uma disciplina e parte integrante da estratégia.
2. Execução é a principal tarefa do líder na organização.
3. Execução deve ser um elemento chave da cultura de uma empresa.

Antes de explicar os três princípios para a execução, farei um paralelo com algumas estatísticas do golfe. Uma pesquisa realizada no www.dizzyheights.com mostrou que:

- 54% dos jogadores possuem um claro objetivo de *handicap* (nível de jogo), enquanto 21% não o consideram importante.
- 80% dos jogadores disseram que jogam há mais de dois anos e 65% deles há mais de cinco; 46% fizeram no máximo cinco aulas até que não começassem mais ou menos a jogar, e somente 17% dos jogadores ativos afirmam que fazem aulas e treinos regularmente.
- 7% dos jogadores não praticam nunca, entram no campo e simplesmente jogam. Apenas 28% praticam sempre antes de ir ao campo.

O jogador deve buscar, na prática, a qualidade da execução, e não somente a quantidade. O golfe é um jogo feito de constantes execuções e de muita repetição, exigindo disciplina para executar regularmente bem as tacadas. Disciplina tem origem etimológica da palavra "discípulo", que significa "aquele que segue". O golfista só terá bons resultados em sua execução se tiver disciplina para treinar semanalmente, desenvolver sua estratégia, utilizar seus melhores recursos e executar com perfeição o seu swing.

Apresentaremos três premissas para o sucesso na execução e resultados:

As 3 Premissas da Execução

Primeira Premissa — Execução: uma Disciplina

Fazer o levantamento dos cenários, identificar ameaças e oportunidades, pontos fortes e fracos e decidir os objetivos é um bom começo, mas incluir no planejamento a habilidade disciplinada da organização para a execução é fundamental. A execução é um processo ordenado com debates intenso dos "comos e quês", discutindo, questionando, levando adiante o que foi decidido e assegurando que as pessoas cumprirão suas responsabilidades pela execução. Os autores descrevem que: "No seu sentido fundamental, executar é uma forma sistemática de expor a realidade e agir sobre ela".

Como vimos no Livro III, a maioria das empresas não encara a realidade nua e crua muito bem, dificultando o processo eficaz da execução. É importante ressaltar que há três processos-chave no centro da execução. Primeiro, o processo de pessoal; segundo, o processo da estratégia e o último, o processo da operação, que deverá ser cuidadosa e constantemente acompanhado pelo executivo principal da empresa, com significativa dedicação de tempo e revisões contínuas, promovendo encontros com as equipes, estimulando-as ao debate, a discussão e a um diálogo consistente para identificar a realidade e a necessidade de correção de rota, envolvendo e comprometendo as pessoas para fazerem as coisas certas acontecerem, recompensando os que conquistaram melhor desempenho.

A execução deverá ser aplicada com disciplina, intensidade e profundidade. O líder é o maquinista do trem, os vagões são os departamentos e ele deverá conduzir as pessoas, a estratégia e a operação na hora certa e principalmente nos trilhos certo.

Algumas perguntas podem ajudá-lo a visualizar se está no trilho certo ou não:

- Quem irá fazer o trabalho? E como será avaliado e responsabilizado?
- Que recursos humanos, técnicos, de produção e financeiros são necessários?
- A estratégia produz o lucro necessário para o sucesso?

- A estratégia pode ser desmembrada em iniciativas factíveis?
- As pessoas envolvidas nos processos discutem essas questões, descobrem a realidade e chegam a conclusões específicas e práticas?
- Todos concordam com suas responsabilidades por fazer as coisas e se comprometem com suas atribuições?
- Os processos são intimamente interligados, e não compartimentalizados entre as equipes?
- A estratégia leva em conta as pessoas e a realidade operacional?
- As pessoas certas estão nos lugares certos?
- As operações estão ligadas aos objetivos estratégicos?
- Os líderes de setores são os verdadeiros donos dos seus processos?

É prática nos torneios de golfe oferecer a sexta-feira para o reconhecimento do campo e treino, sendo o jogo para valer no sábado e domingo. Foi numa sexta-feira, em Torres/RS, no meu primeiro torneio fora de Gramado e pela federação, que aprendi a maior lição sobre planejamento, disciplina e execução de resultado.

Após duas hora e meia de viagem de carro, com mais três amigos, aproximadamente às 14h, cheguei eufórico no campo de Torres, fiz um aquecimento básico e sai dando as tacadas que havia treinado, toda semana, no campo de Gramado. Logo no primeiro buraco, que fica ao lado do Rio Mampituba, que em Tupi-Guarani quer dizer Rio de Muitas Curvas, (divisa entre o Rio Grande do Sul e Santa Catarina), deixei de presente aos peixes desse rio quatro bolinhas.

Não estava entendendo o porquê do resultado das minhas tacadas não era bom. Ao final do treino, perdi quinze bolinhas na água e fora do campo, em menos de duas horas. Para jogar o torneio nos dias seguintes comprei vinte e cinco bolinhas com o dono do barzinho, só imaginando o que poderia acontecer no sábado e domingo.

    A euforia transformou-se rapidamente em pânico, com a minha voz interior perguntando como seria participar do torneio assim desse jeito, passaria vergonha diante dos amigos e de todos que estavam lá, e nesse momento tomei a decisão que isso não iria acontecer. Após o jantar da sexta-feira, fui para o hotel e peguei o cartão do treino com as frustrantes marcações de tacadas e dediquei-me a um profundo estudo do que havia acontecido, buraco a buraco, montando uma estratégia para cada jogada, levando em consideração as variáveis do campo, anotando inclusive os tacos que seriam usados a cada buraco e também qual seria a melhor direção para dar a tacada, contando com a possibilidade de errar, também descrevi o plano "B" das tacadas. Somente para você entender essa estratégia, existem buracos que se o erro for pela direita, a bolinha poderia sair do campo e/ou cair em algum lago; sendo assim, seria melhor errar pela esquerda; mesmo com o erro, ainda estaria em jogo e com menos penalidades.

	JARDAS	PAR	HCP			JARDAS	PAR	HCP	
	Cavalheiros Rating: 68			LADO P/ GRAVAR	Seg. TACOS 3 TACADAS	Damas Rating: 71			
1 •	381	④	7	LAGO ←	D-GA	342	4	5	1
② •	182	③	15	LAGO ←	M5-A	114	3	15	2
3	375	4	9	←	D-4-A	320	4	11	3
④ •	387	④	3	LAGO →	D-3-A	350	4	1	4
5 •	137	③	17	LAGO ↑	7-A	137	3	17	5
6	507	⑤	5	←	D-3-6-A	429	5	7	6
⑦	333	④	13	BANCA DIREITA	3-5-A	333	4	13	7
8	422	4	1	→	D-7-7-A	422	5	3	8
9 •	339	4	11	LAGO ←	D-5-A	318	4	9	9
OUT	3063	35				2765	36		OUT
10 •	459	⑤	8	LAGO ←	D-3-9-A	440	5	6	10
⑪ •	158	③	16	LAGO ←	M5-A	114	3	16	11
12	375	4	6	←	D-4-6-A	320	4	10	12
⑬ •	372	④	4	LAGO →	D-3-9-A	372	4	2	13
14 •	137	③	18	LAGO ↑	6-A	137	3	18	14
15	429	④	2	←	D-3-9-A	429	5	8	15
⑯	330	4	14	BANCA ESQUERDA MD	5-9-A	330	4	14	16
17	363	④	10	→	D-4-6-4	363	4	4	17
18 •	328	④	12	LAGO ←	D-M5-A	313	4	12	18
IN	2951	35				2818	36		IN
TOTAL	6014	70				5583	72		TOTAL
	HANDICAP					DATA: __/__/__			
	NET SCORE					TORNEIO:			

Marcador: TROCAR D por M 3   Ass.:_____
Jogador:_____   Ass.:_____

Com medo do resultado, mas determinado a seguir disciplinadamente o que havia planejado, fui para o *tee* do 1, peguei o cartão e conferi o que estava escrito, e executei na íntegra a estratégia traçada, quando me dei conta do resultado do primeiro buraco que fora exatamente o programado, retomei a autoconfiança e continuei a executar, disciplinadamente, o que havia escrito no cartão. No final do jogo, ao fazer a soma das tacada, fiquei quatro tacadas abaixo do campo, ganhando o terceiro lugar no torneio aberto de todo o RS. Um resultado maravilhoso para quem nunca havia jogado fora e em um torneio aberto com os melhores jogadores do Estado do Rio Grande do Sul.

A disciplina na execução é uma arma para o sucesso. Esse é um hábito que podemos copiar de outras culturas. É comum ver o nosso jeitinho brasileiro executando diversas ações sem muito planejamento, treinamento e disciplina, contando com a intuição, nosso jogo de cintura e comentários do tipo: "na hora eu dou um jeito, deixa comigo!". Disciplina é bom e faz bem para o resultado desejado.

Segunda Premissa — Execução: a Principal Tarefa do Líder

Algumas pessoas têm a ideia do líder na montanha. É o profissional que fica no topo da montanha, utilizando-se de sua inteligência e pensamento para bolar as estratégias do caminho, desejando que todos sigam cegamente sua visão de futuro, porém, quando chega a hora da operática (colocar as coisas em operação), ele delega, porque não gosta de sujar as mãos ou cuidar dos detalhes. Essas tarefas são para os cargos abaixo em sua hierarquia.

Essa forma de pensar é um bom sinal de resultados insatisfatórios, até mesmo uma falácia nos atuais dias. O líder de uma organização ou setor deverá estar envolvido e comprometido de corpo e alma com os detalhes, os processos, as pessoas e tudo que possa interferir e/ou criar obstáculos para a realização dos objetivos. O líder executor conseguirá êxito em sua empreitada se conhecer profundamente o negócio da empresa em que trabalha, as pessoas que atuam nessa organização, o domínio detalhado dos processos e como contribuir para um ambiente de execução.

É possível correlacionar a execução a um time, de qualquer tipo de esporte, com a indagação de como seria um time se o seu treinador (líder) passasse o tempo todo no escritório negociando novos contratos de jogadores, enquanto delega o treinamento físico e tático para seu assistente? Um treinador é eficiente porque está sempre observando seus jogadores individualmente e coletivamente no campo e até no vestiário para conhecer os seus hábitos, suas habilidades, suas experiências e seus conhecimentos, focado na execução de colocar a pessoa certa, no lugar certo e na hora certa no campo, como também, saber qual pessoa tem determinado talento para treiná-la em seus pontos fortes e usufruir dessa habilidade em sua execução estratégica.

Um líder com habilidade de execução faz perguntas difíceis que todos precisam responder, estabelece o tom adequado na organização, baseia-se nos fatos e na realidade, esse líder entra em campo para mostrar como se faz, muitas vezes faz junto com a equipe e sabe gerenciar os três processos-chave (pessoal, estratégia e operações) com integridade e vigor. O fato de você conhecer e gerenciar os detalhes, não significa que deva tolher a autoconfiança das pessoas, tirando suas iniciativas e sufocando suas habilidades de pensar e executar. Tente entender que há uma diferença entre liderar uma organização e controlá-la.

Os líderes que gozam de superações mergulham, com responsabilidade, na execução dos principais detalhes, fazem bom *follow-up*, verificam se as pessoas compreenderam as prioridades, usando todo seu conhecimento para investigar e questionar possíveis acontecimentos e pontos fracos do processo; porém consegue unir sua equipe para eliminar os acontecimentos e transformar os pontos fracos em oportunidades de sucesso. O líder que executa, sequer precisa dizer às pessoas o que fazer; faz perguntas de forma com que elas próprias descubram o que precisam fazer, tem o hábito de circular na empresa, o que é útil e importante, mas apenas se o líder que faz isso souber o que dizer e o que ouvir.

Aparentemente, o jogo de golfe é jogado de forma isolada, não havendo o exercício de liderança como em várias atividades em equipe. Realmente na sua maior parte é assim, mas existem situações em que o líder tem um papel importante para o resultado de uma equipe de golfe. Em alguns torneios são inscritos delegações de países ou estados; nessa empreitada haverá um líder para planejar, organizar e motivar a equipe para o sucesso, como também, em torneios de duplas, onde o golfista mais experiente, com *handicap* menor, trabalha com o seu parceiro em um processo de liderança, debatendo a melhor jogada ou concluindo qual o lado e direção da caída do *green* para embocar.

O professor de golfe também assume o papel de líder na análise dos fundamentos do *swing* do seu aluno, identificando os seus erros e orientando-o para as mudanças, de acordo com as características do seu liderado. Ele não pode exigir um *swing* longo, com giro completo, para um golfista com mais de 60 anos, da mesma maneira como ele não pode pedir a um principiante bater um ferro 7 a mais de 150 jardas. Na verdade, no golfe, na maioria das vezes, você é o seu próprio líder, sendo os seus pensamentos e o diálogo interno de sua consciência combinados com a execução que trabalharão a favor do seu estado de espírito, e principalmente na sua confiança para a tacada, facilitando a execução e o resultado do jogo.

Terceira Premissa — Execução: Criando uma Cultura de Execução

Criar uma cultura de execução não é como um simples apertar de um interruptor para acender a luz do pátio; não se consegue com o lançamento de um programa na empresa, regado com folders, festas e palestras que a cultura da execução acontece. É um processo que inicia com a energização e o exemplo prático do líder, e continua passo a passo com os acontecimentos diários, identificando e corrigindo os problemas, construindo melhorias contínuas de qualidade e *performance*.

Para que a cultura da execução se instale em sua organização, é fundamental que as pessoas sejam treinadas com conceitos, princípios e ferramentas simples e úteis, sendo praticado continuamente por todos os líderes e em todos os níveis internos na organização. Parece-me tão simples e importante que a execução aconteça nas organizações, que as pessoas tenham consciência dessa atitude, até mesmo na sua vida pessoal, mas fica a pergunta: "por que a execução é tão negligenciada?"

Tenho a impressão de que as pessoas, inconscientemente, não ignoram a importância da execução, elas têm consciência da sua ausência, sabem que alguma coisa está faltando para os resultados aparecerem, sabem que os compromissos não foram cumpridos, ou melhor, executados conforme o combinado. Pode até parecer que a execução não é algo tão importante, e isso acontece em diversos níveis na organização. Por que será?

A crença do mundo virtual inspira as pessoas a abonar a ação de apenas clicar um "Enter" ou um toque no mouse para as coisas acontecerem; conceber uma ideia exige um desafio intelectual, mas transformar essa ideia em um conjunto de ações executáveis é um enorme desafio intelectual, emocional e criativo. Albert Einstein levou mais de uma década para desenvolver e executar uma prova detalhada com cálculos matemáticos que explicasse a teoria da relatividade. Se um líder estiver em dúvida sobre a capacidade de sua organização em executar, deverá analisar algumas questões importantes como:

- As pessoas certas estão compromissadas em fazer as coisas acontecerem?
- A responsabilidade de cada um está compreendida e clara?
- O sistema de incentivo e motivacional em torno dos objetivos está ativado?

Sete Comportamentos do Líder Executor

A linha de pensamento dos autores considera que: "Liderança sem disciplina de execução é incompleta e ineficaz. Sem habilidade para executar, todos os outros atributos de liderança ficam vazios". Para complementar esse pensamento, são abordados sete comportamentos essenciais do líder executor:

1. **Conheça seu pessoal e sua empresa.** O líder tem que vivenciar o dia a dia das pessoas e da empresa, para conhecê-las; tem que saber filtrar as informações e percepções da sua equipe e têm que estar aonde a ação acontece. Para o jogador de golfe seria o mesmo que conhecer o campo e as caídas do *green*.

2. **Insista no realismo.** É o cerne da execução. Nas organizações há pessoas e líderes que ficam desconfortáveis para enfrentar a realidade, por isso, tentam evitar, e até encobrir, o que de fato está acontecendo. Muitas vezes não conseguem ter as respostas e/ou a solução para temas delicados, que de fato está afetando concretamente os resultados do negócio, por essa razão escondem os erros, as

falhas e as inconformidades no processo, não querem ser portadoras de más notícias ou serem encarados como causadores dos problemas.

Tanto é verdadeiro esse fato, que basta pensarmos o quanto é difícil para as pessoas falarem sobre os seus pontos negativos ou os da empresa em que atuam. A execução eficaz só acontecerá se houver o enfrentamento da verdade e o realismo dos fatos. É muito difícil o jogador de golfe ter todos os fundamentos das tacadas em qualquer situação plenamente dominada. Existem vários pontos negativos. Os mais comuns são: sair de uma banca de área; bater em uma grama alta; bater uma bola baixa para não pegar no galho da árvore à sua frente, entre outros. São situações reais de qualquer campo, por isso o golfista deverá ser realista e treinar certas tacadas que normalmente não as desempenha bem, e assumir seus pontos fracos para poder melhorá-los.

3. **Estabeleça metas e prioridades claras.** Os líderes executores focam em três ou quatro prioridades claras e realistas, para produzir melhores resultados com os recursos disponíveis. Um líder, com dez ou mais metas, na verdade não consegue identificar suas prioridades, e, com isso, cria impedimentos para a execução.

A simplicidade também é uma das características do líder executor. Se ele falar de maneira que as pessoas consigam entender facilmente, simplificando as coisas complexas, se avaliar e agir sobre os problemas de forma fácil, a simplicidade da execução será senso comum na organização.

Um dos grandes segredos no golfe é o jogador compreender que não adianta pensar nos 18 buracos de uma vez para ganhar o torneio. Esse jogo é jogado com metas e objetivos claros a cada buraco. O golfista terá êxito se decidir pela simplicidade, evitando tacadas mágicas e, muitas vezes, tomar a decisão de jogar a bola para trás para ganhar uma tacada na frente.

4. **Conclua o que foi planejado.** Ter metas claras, sem execução, não tem valor nenhum. Existem diversas falhas na continuidade das ações; o principal motivo está na má execução do que foi planejado. Pense nesse momento em quantas reuniões você participou em que as pessoas foram embora sem ter clara a decisão de quem iria fazer o quê e quando. Ou mesmo que as decisões e as pessoas responsáveis tenham sido definidas, mas no meio do caminho surge outro problema importante, e todos passam a focar o último problema, deixando de lado a decisão anterior. A regra é simples: "assunto decido, pessoa alocada cumpra-se".

   Geralmente, quando o golfista muda sua decisão no meio do caminho, como exemplo, pegar um taco 9, e na última hora trocá-lo por um 8, alguma coisa sairá errada. Se a análise de todas as variáveis foi correta e o planejamento da jogada foi decidido, o golfista deverá simplesmente executar, e o resultado, com certeza, será excelente.

5. **Recompense quem faz.** O líder que não entender, que as pessoas para produzirem resultados, precisam ser recompensadas, e que há uma relação direta no incentivo com o desempenho dos funcionários, terá problemas na execução das tarefas e metas. Ainda vemos organizações que não se preocupam em diferenciar os salários, prêmios e outros meios aos funcionários que, pelo bom desempenho, atingem resultados, dos que não conseguem. O líder executor deve criar uma cultura e mecanismos que privilegie a relação recompensa versos desempenho.

As recompensas do golfista estão nos aplausos e comentários positivos dos amigos sobre seu jogo, e principalmente com o recebimento do troféu como vencedor do torneio. O escudo é uma prática de reconhecimento interessante nos clubes de golfe, que eterniza o jogador. Quando um jogador faz um *hole in one* (emboca com apenas uma tacada) ou vence em primeiro lugar um torneio importante do clube, o nome desse jogador é grafado em um escudo de madeira que, geralmente, fica na principal sala do clube para todos admirarem. É um reconhecimento eternizado e desejado por todos os golfistas. Eu já conquistei o meu!

6. **Amplie as habilidades das pessoas pela orientação.** O líder executor, para deixar um legado e preparar seu sucessor e sua equipe, transmitirá todo seu conhecimento, experiência e sabedoria adquirida ao longo de sua caminhada, ampliando as competências individuais e coletivas de todos em sua organização.
Ram considera que: "A forma mais eficiente de orientar é observar uma pessoa em ação e então dar *feedback* específicos".
O líder deve discutir as questões de negócio e organizacionais com sua equipe, desafiando-os, explorando os prós e contras do tema, as alternativas prováveis de solução, isso é uma forma eficiente

de aprendizagem se for feita com honestidade e confiança. A habilidade de orientar uma pessoa está intimamente ligada à arte de perguntar; fazer perguntas ajuda as pessoas a pensarem, a enxergarem a realidade, a analisarem e encontrarem soluções inteligentes.

Por conter dezenas de procedimentos e posicionamentos para um *swing*, é comum o golfista não conseguir identificar o que está fazendo de errado, mesmo os mais experientes; é nessa hora que os amigos procuram lhe dar *feedback* e orientações sobre o que eles conseguem observar de errado, na intenção de ajudá-lo a melhorar o jogo. Às vezes, um simples detalhe na indicação para relaxar os seus ombros e mãos, pode mudar em 100% o resultado das suas tacadas.

7. **Conheça a si próprio.** O líder executor, como todos os demais líderes, é dotado de força de caráter e firmeza emocional e deve estar aberto e tolerante à diversidade, pontos de vistas divergentes e novos modelos mentais. Se o líder não conseguir administrar essa situação, não conseguirá executar. A firmeza emocional lhe dá a coragem de aceitar as diferenças, os conflitos e escutar coisas, mesmo que não goste de ouvi-las.

Conhecer a si próprio é um ato de autodomínio; facilita a maneira como você lida com suas fraquezas e forças, evitando procrastinação de decisões ou delegação sem o acompanhamento devido. O líder executor sabe lidar consigo mesmo e depois com as pessoas, consegue seguidores por sua confiança e habilidades de ajudar sua equipe a produzir melhores resultados. Ele é uma referência ética, e nunca se desvia daquilo que acredita ser correto.

O golfe é jogado individualmente, não há adversários a não ser a si próprio. Identificar e conhecer seus limites, pontos fortes e de melhoria, faz parte de um bom golfista executor.

Qualidades-chave do Líder Executor

Os autores identificaram quatro qualidades-chave que formam a firmeza emocional de um líder executor:

1. **Autenticidade:** ser autêntico significa ser real não uma imitação, sua pessoa exterior é igual a interior, sem máscara, você é o que faz e fala, não é dissimulado. Para haver confiança é necessário autenticidade, e com ela o líder elimina barreiras e cria condições das coisas acontecerem.
2. **Consciência de si próprio:** Quando você se conhece, você se sente à vontade com seus pontos fortes e administra os pontos de melhorias, transformando os seus erros em aprendizado e crescimento pessoal. É importante ter a consciência que dificilmente um líder é ótimo para executar todas as atribuições como: liderança, tecnológica, administrativa, organizacional, operacional, comercial, com as pessoas entre outras, mas pode implantar mecanismos para auxiliá-lo nas execuções de suas responsabilidades, reconhecendo suas deficiências terá uma oportunidade de fazer as coisas acontecerem mais facilmente.
3. **Autocontrole:** Um dos comportamentos essências para o autocontrole de um líder está em manter o seu ego equilibrado, não se esquecendo de ser humilde com todos e tudo. O seu controle para as mudanças, ideias, flexibilização e adaptação é fundamental para a sua autoconfiança, isso irá facilitar o diálogo, as relações, a execução dos assuntos desconhecidos e não terá receios de dizer: "eu não sei", buscando apoio frequentemente,

dando-lhe base para correr riscos sem ficar se lamentando ou se sentindo vítima do processo, saberá que é capaz, de alguma forma, de solucionar as adversidades.
4. **Humildade:** comenta os autores que, "quanto mais você puder conter seu ego, mais realista você será sobre seus problemas". Admitir que você não tenha todas as respostas, saber ouvir e que sempre aprende com outras pessoas, é um bom começo para o sucesso na execução.

A união dos comportamentos e qualidades-chave do profissional executor são requisitos requeridos para análise na escolha de um líder. Para atingir o grau de organização eficaz, será fundamental contratar e manter, em seu quadro de liderança, pessoas com o DNA da execução. Lembrando que para a liderança conseguir os resultados desejados é necessário que a empresa lhe ofereça estratégias, estrutura, sistemas alinhados e a cultura da execução, igualmente como um *hardware* e *software*. Um *hardware* de um computador é totalmente inútil sem o *software*.

Toda mudança de cultura é um trabalho árduo e que demanda muitas ações e tempo no campo dos valores, crenças e normas de comportamento. Essas ações são essenciais para a transformação em uma cultura de execução. Uma das ações que considero importante está na metodologia de recompensar os profissionais de uma organização.

A grande maioria das avaliações para recompensar um profissional está embasada no desempenho no atingimento de metas. Poucas estão adicionadas com o grau de comportamentos desejáveis que a pessoa verdadeiramente adota no seu dia a dia. Quando você começar avaliar e recompensar as pessoas, além do desempenho, pelos comportamentos de execução, com certeza, seus resultados ficaram impressionantemente maiores.

A cultura da execução é facilitada com diálogos realistas, abertos, francos e informais. Dessa maneira, a tarefa de coletar informações, compreendê-las e transformá-las em decisões eficazes são simplificadas. Nesse processo não se busca a harmonia, mas sim a provocação e a verdade nua e crua dos assuntos a serem analisados. Os lemas de Jack Welch são: "a verdade acima da harmonia" e "a formalidade impede o diálogo; a informalidade encoraja-o".

Os Processos da Execução

São três importantes processos para a execução: o processo pessoal, o estratégico e o operacional. O processo pessoal considerado o primeiro e mais importante, com a premissa de que são as pessoas de uma organização que fazem julgamentos, criam as estratégias e as colocam em operação. Se o processo de pessoal não funcionar perfeitamente, não será possível você viabilizar o seu negócio.

O processo pessoal tem como centro de suas responsabilidades a avaliação precisa, madura e profunda dos seus talentos. Posteriormente, o desenvolvimento contínuo em termos de liderança e finalmente um plano estruturado e sólido de sucessão para garantir o futuro da organização. O líder terá a atribuição de interligar no processo de pessoal, os marcos estratégicos de curto, médio e longo prazo, juntamente com os planos operacionais, em uma execução eficaz e um acompanhamento disciplinado.

A excelência na execução também é conquistada pela sincronização. Trata-se de todas as partes envolvidas na organização terem premissas, objetivos e entendimentos comuns, serem interdependentes com prioridades unidas. Quando ocorrem mudanças de percursos, a sincronização das equipes e líderes naturalmente realinham os processos, os sistemas e realocam os recursos de acordo com as novas necessidades.

Uma organização sincronizada acaba obtendo grandes economias em diversos campos de um ambiente corporativo. Basta pensar na economia da comunicação, interpretação e compreensão dos colaboradores diante das mudanças; pense o quanto de economia haverá pela ausência de retrabalhos e desperdícios por estar claro o foco e o rumo a ser seguido. Imagine o ganho de velocidade com as pessoas e principalmente os líderes conversando sobre o que cada ação poderá interferir em seu setor; tente enxergar o quanto de recursos de todo tipo serão poupados, uma vez que toda organização saberá e estará comprometida com as decisões de realocações de recursos.

O comportamento, a sincronização e a disciplina para a execução poderão ser o diferencial competitivo do novo século.

A cultura da execução no golfe tem paralelo a uma verdade muito instigante: "quanto menos força você fizer para bater na bola, mais longe ela irá. Quanto mais força você bater na bola, menor a chance de acertar a direção e a distância."É difícil acreditar nessa verdade, porque a vida toda aprendemos que ao bater em algo com mais força, maior será a consequência. Como exemplo, vamos pensar na martelada em um prego; nem sempre bater um prego com muita força você terá como resultado o prego completamente cravado na madeira; muitas vezes ele fica entortado, gerando retrabalho e um novo método para firmá-lo corretamente na madeira, significando você bater o martelo com certo jeito e com uma determinada força para conseguir êxito na fixação do prego.

A tacada no golfe obedece esse mesmo princípio, mas a nossa cultura cria empecilhos para acreditar que quando batemos mais leve na bola, ela ganha distância sem a necessidade de fazer força, resultando em menor desgaste físico e melhor resultado na tacada. O que faz a bola ter uma boa direção e distância é o sincronismo com que você faz o *swing*, levantando e baixando o taco corretamente com a perfeita simultaneidade no movimento do corpo e velocidade do *swing* junto à bola. Para obter esse resultado, será necessário incorporar a cultura da execução com a premissa de que "menos é mais" no golfe, e ter a disciplina de executar várias vezes e incorporar essa premissa.

Coloque o conceito de execução na sua vida pessoal e profissional e ganhe algumas tacadas de sucesso com muito mais facilidade.

Livro IV —

Os Hábitos da Eficácia

A analogia entre hábitos da eficácia e golfe desse capítulo está apoiada no livro *Os 7 Hábitos das Pessoas Altamente Eficazes*, de Stephen R. Covey.

A cultura contemporânea adverte que, para alcançar bons resultados temos de adquirir alguns hábitos básicos como: atuar com eficácia em tudo, ser mais veloz, criar ideias fantásticas, atualizar-se continuamente, ser executor eficiente, gostar de aprender, ser proativo e outros hábitos que pressupõem sacrifícios para conquistar algo na vida. Nesse prisma, Stephen nos contempla com ensinamentos, conceitos e reflexões que poderão mudar o nosso paradigma mental de pensar, agir e viver.

A palavra paradigma vem do grego, utilizada como um termo científico, mas hoje é difundida para definir um modelo, teoria, percepção, pressuposto ou padrão de referência; resumidamente: a maneira como vemos, percebemos, compreendemos e interpretamos o mundo e o que acontece em nossa volta. Temos vários mapas e paradigmas dentro da nossa cabeça, que podem ser divididos em duas categorias principais: mapas do modo como as coisas são ou mapas do modo como as coisas deveriam ser.

Interpretamos todas as nossas experiências a partir destes mapas mentais. Raramente questionamos a sua exatidão; com frequência nem percebemos que os utilizamos, apenas assumimos que a maneira como vemos as coisas é do modo como elas realmente são ou deveriam ser. Isso pode ser uma evidência de que vemos o mundo não como ele é, mas como nós somos, ou seja, como fomos condicionados a vê-lo através dos valores e educação que recebemos, muitas vezes havendo divergências nas nossas opiniões com as de outras pessoas, porque as outras pessoas veem o assunto com as lentes de suas próprias experiências. Podemos afirmar que, no nosso dia a dia assumimos comportamentos, atitudes e relacionamentos com os outros de acordo com os nossos paradigmas, sendo estes certos ou errados.

Covey conta uma história que me comoveu ao lê-la. Ele estava em um vagão silencioso no metro de Nova York, quando entra um homem e suas crianças fazendo muito barulho e algazarras; ao sentar-se o homem fecha os olhos como não se importando com a irritação que as crianças estavam causando aos passageiros. Ele não conseguia entender a tamanha indiferença do pai diante da situação, e irritado disse:

— Senhor, seus filhos estão perturbando muitas pessoas. Será que não poderia dar um jeito neles?

O homem calmamente respondeu:

— Sim, creio que o senhor tem razão. Acabamos de sair do hospital, onde a mãe deles morreu há uma hora. Eu não sei o que pensar e parece que eles também não sabem como lidar com isso.

Tudo mudou naquele momento. O paradigma foi mudado e alterado a maneira como estava sendo vista a situação com as crianças, outros sentimentos de compaixão e solidariedade surgiram. Por isso, existe uma íntima ligação do paradigma com o caráter do ser humano. Aquilo que vemos está interligado com o que somos; não conseguimos ir longe, em busca da mudança do que vemos, sem, paralelamente, modificarmos o que somos e praticamos e vice-versa.

A formação dos nossos paradigmas está no processo e estágios sequenciais que vivenciamos, inexistindo atalhos facilitadores. Vejamos uma criança: ela nasce aprende a virar-se, sentar, engatinhar, andar e depois correr. Cada fase é importante e leva um certo tempo, nenhuma parte desse processo pode ser pulada. Isso é verdadeiro em todas as fases e áreas de nossas vidas. Essas fases estão conditas em inúmeros acontecimentos de nossa vida como: formatura, profissão, casamento, família, velhice e em toda esfera de aprendizados. Ninguém sai tocando um piano nas primeiras aulas, ninguém constrói relacionamentos com uma simples conversa animada, ninguém consegue atalhar o caminho para ser um excelente esportista. Tudo acontece com um processo contínuo e sem atalhos. As tentativas de redução do caminho resultarão em desapontamentos e frustrações.

Uma caminhada de mil quilômetros inicia com o primeiro passo, diz o ditado, e você chegará ao fim da caminhada se der um passo de cada vez. Essas verdades são facilmente identificadas em um jogador de golfe. Lembro-me perfeitamente quando foi a primeira vez em um campo de golfe; fui recebido muito bem pelo instrutor que colocou algumas bolinhas no *driving range* (local de treinamento), e com um taco 9 começou a bater com suavidade e mandando cada vez mais longe a bolinha. Confesso que fiquei estupefato, criando um paradigma que seria fácil bater do mesmo jeito; nesse instante, o instrutor passou o taco para as minhas mãos, ensinou-me o *grip* (empunhadura, modo de segurar o taco), o movimento para trás e para frente, arrumou a bolinha à minha frente e pediu para bater.

A decepção foi enorme, nem sequer acertei a bolinha, o taco passou voando por cima dela. Não entendi bem o que tinha acontecido, pois parecia extremamente fácil, no mínimo acertar a bolinha. Não desistindo, tentei mais uma vez, mais outra, e assim até a quinta tacada, acertar a bolinha que tomou o rumo totalmente para a direita. Isso porque a extremidade do taco bateu na bolinha, ao invés do impacto ter sido no centro do taco, sendo o melhor que consegui naquele dia.

Nas aulas seguintes, o instrutor, vendo que eu havia entendido que o aprendizado só aconteceria passo a passo, informou-me que o processo de aprendizagem seria uma questão de semanas. Rindo, o Tiago disse:

— Em mais ou menos umas 438 semanas!

Ficou evidente que, o que vemos pode parecer fácil, mas, ao praticarmos, pode ser muito diferente do que imaginamos, bem como, não se pode pular estágios de aprendizagem. Eram movimentos que nunca havia feito e recursos que não havia usado. Depois de certo tempo de treinamento, aulas, leituras e já conseguindo fazer os 18 buracos do campo, com muitas tacadas erradas e bolinhas perdidas no mato e na água, aceitei o convite de três amigos com *handicaps* abaixo de cinco — isso quer dizer que são excelentes jogadores e que praticam esse esporte desde os seus 8 anos de idade. Imagine a situação!

Fomos para a saída do buraco 1, e o Carlinhos bateu a bola maravilhosamente bem, acredito ter ficado a umas 120 jardas do buraco; o Baldi não foi diferente e o Zatti bateu com muita vontade e ficou a 70 jardas do buraco. Olhando a vontade e a facilidade com que todos bateram, pensei: vou fazer a mesma coisa — se deu certo para eles dará para mim também. Grande engano! Bati a bolinha com tanta força que quase errei, jogando-a a menos de 5 jardas no lago à frente, fazendo um enorme buraco na grama. Senti meu rosto esquentar e, envergonhado, não sabia o que fazer naquele momento, com apenas um único desejo; o de sair correndo e voltar para a casa.

O jogo de golfe promove a etiqueta, a cortesia e a gentileza, todos me acalmaram e me orientaram para bater outra bola, mas do jeito que havia aprendido, sem querer imitar ninguém. A mensagem ficou muito clara, não queira fazer aquilo que você não sabe ainda, o aprendizado leva tempo e tem de seguir a sequência do processo de aprendizado e muito treino antes de realizar.

A frase de Aristóteles, "Somos o que repetidamente fazemos. A excelência, portanto, não é um feito, mas um hábito", reforça que formamos o nosso caráter através dos hábitos que desenvolvemos. Diz um ditado popular: "Plante um pensamento, colha uma ação; plante uma ação, colha um hábito; plante um hábito, colha um caráter; plante um caráter, colha um destino." Um hábito é composto pela interação entre o conhecimento, a habilidade e o desejo, que muitas vezes representam o nosso caráter.

Certos hábitos podem nos impedir de ir a algum lugar, de nos mantermos no mesmo lugar ou pode nos impulsionar para frente. A força da gravidade é muito importante para manter o mundo, os planetas e o universo em sua órbita correta. Se soubermos usar, eficazmente, essa força da gravidade do hábito, nos ajudará a criar ordem e coerência para os resultados em nossa vida. Para tornar algo em um hábito, precisamos reunir três elementos:

- O conhecimento: *o que fazer e o porquê fazer;*
- A habilidade: o *como fazer;* e
- O desejo: o *querer fazer.*

Um hábito é formado em conjunto com a maturidade do ser humano, que passa pelo estágio da dependência, independência e interdependência. Quando nascemos somos totalmente dependentes dos outros para comer, beber e nos higienizar, evidenciando o paradigma do "você" – você tem que tomar conta de mim. Sem essa ajuda possivelmente iríamos sobreviver algumas horas. Com o passar dos anos, gradativamente, passamos para a independência física, mental, emocional e financeira, nos tornando confiantes e seguros de nós mesmos; correlacionado com o paradigma do "eu": eu sei fazer isso, eu tenho certeza, e, finalmente, tomamos consciência do paradigma do "nós", entendemos que a interdependência é fundamental para a nossa sobrevivência.

No mundo contemporâneo, somos cada dia mais interdependentes. Se observarmos tudo que acontece conosco, é fruto de uma interdependência, basta querer tomar o café da manhã e pensar que algumas pessoas fabricaram o pão, a manteiga e o leite. Para você ir até o seu trabalho, quantas pessoas estão envolvidas com o meio de transporte, a segurança no trânsito, com as notícias e, mesmo quando você vai dormir, uma série de pessoas está trabalhando a seu favor, mantendo a energia elétrica, o abastecimento de água, os plantonistas dos hospitais; até mesmo para morrer o processo de interdependência tem que ser acionado como os cemitérios, floristas, funerária, entre outros. A vida é, por natureza, totalmente interdependente; e em uma organização de sucesso, a interdependência entre os setores, colaboradores e diretoria é fator fundamental para a sustentabilidade.

Se você utilizar as pontes corretas da dependência para a interdependência, além de fazer uma evolução em seus hábitos, terá uma revolução nos seus resultados. Podemos comparar com o golfe, enfatizando a dependência que temos no aprendizado do jogo; não sabemos como e quando utilizar os 13 tacos disponíveis na bolsa, não conhecemos a direção do próximo buraco no campo, não sabemos qual a velocidade correta para chegar a 150 jardas com um taco número 7, não sabemos se o *swing* está sendo executado de forma certa, não sabemos como sair de uma banca de areia. Mas quando todas essas dificuldades forem superadas, com a ajuda do professor e amigos, encontraremos a interdependência do nosso estado físico, mental e emocional, por ser um jogo jogado contra si mesmo e o campo, não havendo adversário a ser abatido como em um jogo de tênis, futebol e qualquer outro esporte coletivo.

Os Sete Hábitos das Pessoas Altamente Eficazes

Os sete hábitos das pessoas altamente eficazes são:

1. Seja proativo.
2. Comece com o objetivo em mente.
3. Primeiro o mais importante.
4. Pense ganha/ganha.
5. Procure primeiro compreender, depois ser compreendido.
6. Crie sinergia.
7. Afine o instrumento.

1º Hábito — Seja Proativo

A proatividade, como primeiro hábito, significa muito mais que apenas tomar iniciativa. É um estado de responsabilidade em direção às decisões e às capacidades para fazer as coisas acontecerem. A palavra responsabilidade subdividida em responsabilidade pode ser traduzida em a "habilidade para escolher nossas respostas".

As pessoas proativas não colocam a culpa em outra, tão pouco se encolhem diante das dificuldades; colocam seus comportamentos e ações de forma consciente e ajustada aos seus valores e *performances*. Uma pessoa reativa é levada pelos sentimentos, circunstâncias, condições e ambiente; já os proativos são guiados por seus valores, cuidadosamente pensados e interiorizados.

Podemos analisar nossa consciência de proatividade simplesmente avaliando onde concentramos o nosso tempo e nossa energia. Através de dois espectros: o espectro das preocupações – com a saúde, filhos, problemas profissionais, dívida, guerra, desentendimentos etc, que não temos controle efetivo e direto para a solução. O outro corresponde ao espectro da influência, são os assuntos que podemos interferir e modificar. Os profissionais reativos concentram suas energias nos espectros de preocupações, focando nas fraquezas dos outros, nos problemas do meio, na circunstância que foge do seu controle, resultando em atitudes de lamentações, postura de vítima e encolhimento da resolutividade, permitindo que esses elementos o controle por completo, não tomando as iniciativas proativas necessárias para provocar as mudanças positivas, impedindo seu progresso.

Quando atuamos no espectro da influência, criamos energia e vitalização positiva facilitando mudanças no nosso modo de ser, como também, nos nossos paradigmas, deixando as restrições das condições externas, para focar na capacidade de modificar certas condições. O quanto você fica no espectro da preocupação e o quanto você tem consciência para atuar no espectro da influência?

Devemos impedir que os problemas nos controle, seguindo o mantra dos Alcoólicos Anônimos: "Senhor, dai-me a coragem para mudar as coisas que podem ser mudadas, a serenidade para aceitar as coisas que não podem ser mudadas, e a sabedoria para distinguir umas das outras". Esse tema me fez lembrar o último torneio de golfe que participei. Era uma modalidade chamada *Match-play* (competição pontuada buraco a buraco). Havia terminado a primeira volta perdendo por 2 buracos, foi quando percebi que teria uma oportunidade de virar o jogo focando nas tacadas conservadoras, minimizando os erros; e o resultado foi maravilhoso, empatei e depois fiquei 1 buraco acima do parceiro, mas, ao chegarmos à saída do buraco 17, enquanto eu estava me preparando para a batida, no momento do impacto na bola, outro colega gritou alguma coisa na chegada do *green* anterior, fazendo com que eu errasse a tacada pela desconcentração, no momento exato da batida. Fiquei irritado, até fiz uma cobrança à pessoa que gritou de forma inadequada, mesmo sabendo que fora feito sem perceber.

Daí para frente o foco ficou em duas preocupações, a da tacada errada para dentro das árvores e a forma inadequada como falei com o colega. O resultado foi que perdi os dois buracos finais e, consequentemente, o torneio. Isso porque fiquei somente no espectro das preocupações, ao invés de atuar no espectro da influência.

Uma forma interessante de avaliar em que espectro estamos atuando é identificar se você está no "Ter" ou "Ser". As pessoas que se encontram no espectro das preocupações vivem cheias de "Ter", vejamos algumas frases como exemplo:

— Ficarei feliz quando "tiver" acabado de pagar a minha casa.
— Se eu "tivesse" um líder menos ditador, eu...
— Se eu "tivesse" filhos mais obedientes, eu...
— Se eu "tivesse" mais tempo para mim, eu...

O espectro de influência você vive cheio de "Ser": Eu posso "ser" mais paciente, "ser" mais sábio, "ser" mais carinhoso. Sempre que achamos que o problema está lá fora, este pensamento em si é um problema. Por isso, seja proativo e escolha o espectro da influência para fazer as coisas acontecerem.

2º Hábito — Comece com o Objetivo em Mente

Começar com o objetivo em mente significa ter uma compreensão clara de onde você deseja chegar. Ter a nítida consciência de onde você está agora, para pegar a estrada certa e dar os passos firmes em direção ao objetivo desejado. Se você não estiver na estrada certa, cada passo dado o levará mais rapidamente para o lugar errado. É comum encontrarmos pessoas e profissionais, sejam no início ou final de carreira, utilizando a filosofia Zeca Pagodinho: "deixa a vida me levar, vida leva eu!", transitando no espectro das preocupações.

Para ter um objetivo em mente, você pode começar escrevendo a sua missão pessoal. Como roteiro, você pode se concentrar naquilo que deseja ser (caráter) e depois no que fazer (contribuições e conquistas); como complemento você pode descrever os seus princípios, que servirão de fundamentação do seu "ser" e "fazer". Você pode ainda, adicionar e se comprometer com diversos objetivos, contemplando todos os papéis que você atua como: família, trabalho, financeiro, carreira, bens, lazer, educação, religião e porque não arriscar umas tacadas e se tornar um golfista!

Ter um objetivo em mente está intimamente conectado com o golfe. Anualmente, a federação gaúcha de golfe programa os torneios abertos, que ao final do ano todos os campos do Rio Grande do Sul são contemplados, sendo esse o principal torneio do estado, que por estar em uma boa colocação no *hanking* interno (classificação sobre as conquistas dos torneios internos no meu clube), fui convidado a representar o meu glorioso clube (Gramado Golf Club) na categoria que pertencia, mas confesso que estava inseguro e não convicto de que poderia obter algum bom resultado. Cheguei até a verificar junto à secretaria a possibilidade de retirar a minha inscrição, era tarde demais! Ou eu jogava ou simplesmente pagaria a taxa da inscrição e assumiria a minha ausência. Como um bom descendente de italiano que sou, principalmente nos aspectos financeiros, tomei a decisão de continuar a empreitada.

Na noite da véspera do torneio, fiz um pacto comigo mesmo. Já que vou participar, coloquei em minha mente o objetivo de ficar entre os três melhores jogadores do RS, e desenhei a estratégia que adotaria nos primeiro e segundo dias. Ao sair do *tee* número 1, fixei-me no objetivo traçado e dei a primeira tacada maravilhosamente bem, a ponto de receber elogios dos parceiros. E com esse pensamento, joguei os dois dias, com total concentração e super focado no objetivo. O resultado foi surpreendente, fiquei em primeiro lugar na categoria *handicap* 14 a 22, ou seja, o melhor jogador de golfe do RS nessa categoria até o próximo torneio aberto. Foi bom demais!

3º Hábito — Primeiro o mais Importante

O hábito "primeiro o mais importante" exige a habilidade de gerenciamento e administração correta das ações. Lembrando que a capacidade de gerenciar bem, não faz muita diferença, caso você não esteja no caminho certo. Por isso, os hábitos "seja proativo" e "comece com o objetivo em mente" são fundamentais para dar a partida no jogo da eficácia. A disciplina, para o terceiro hábito, é considerada a ferramenta básica para a continuidade do jogo da boa execução. Atuar com disciplina é ser "discípulo" dos valores, das responsabilidades, dos objetivos grandiosos e do discernimento, para saber o que realmente é importante e ser feito em primeiro lugar. É comum fazermos confusão entre o que é urgente, o que é importante e até mesmo o que é prioritário.

Urgente — é toda atividade e ações que exigem atenção imediata, deve-se parar o que está fazendo para atender a urgência. Erroneamente, chamamos de urgente toda atividade que necessita de rapidez e agilidade, e quase sempre não se trata de algo verdadeiramente urgente. Analisando os recursos tecnológicos da atualidade, podemos concluir que, algumas coisas se tornam urgente, mesmo que a gente não queria.

Imagine que você se preparou por uma semana para apresentação de uma ideia ao seu diretor, com enormes possibilidades de ascensão na sua carreira e, no caminho, em cima da hora da apresentação, toca o telefone, um sinal sonoro confirma uma mensagem de texto ou um *e-mail* entrando no seu celular; sem dúvida você dá uma conotação de urgência e acessa o torpedo. Nessa hora o que era muito importante ficou no segundo plano por alguns momentos, correndo o risco de comprometer a impressão inicial da sua apresentação e futura promoção ao cargo.

O que é verdadeiramente importante está correlacionado com resultado. Se o assunto é importante, provavelmente está vinculado com a nossa missão, valores e objetivos, exigindo-nos mais proatividade, para aproveitarmos as oportunidades e fazermos as coisas acontecerem. O hábito 2 facilita a identificação do que é mais importante pela clareza dos objetivos desejados, se os objetivos não forem lúcidos será muito mais complicado identificar o urgente do importante.

Matriz de Gerenciamento do Tempo

Covey desenvolveu a Matriz de Gerenciamento do Tempo em quatro quadrantes, enfatizando que, os gestores eficazes focam no que é mais importante, não apenas no urgente, e tem a coragem de dizer não para outras coisas que o tire desse foco.

	Urgente	Não Urgente
Importante	**I** Atividades: — Metas importantes — Ligações importantes	**II** Atividades: — Desenvolvimento de relacionamentos — Identificação de novas oportunidades
Não Importante	**III** Atividades: — Grande quantidade de metas — Interrupções, telefone, *e-mails*	**IV** Atividades: — Fofocas de escritório — Detalhes, pequenas tarefas — Atividades improdutivas

Quadrante I — é urgente e importante; ele lida com resultados significativos que exigem atenção imediata. Esse quadrante sufoca as pessoas, tornam-nas escravas das crises e dos problemas. Você pode facilmente ser dominado pelo quadrante I, como se fosse um mar bravio; um problema imenso aparece derrubando-o e jogando-o de um lado para outro. Você luta para subir à superfície, apenas para encontrar outra onda, que sem perdão o derruba novamente e o arrasta para um turbilhão de problemas.

O resultado desse quadrante é quase sempre o estresse, esgotamento, administração de crises e atuação de bombeiro ("sempre apagando incêndio").

Quadrante III — são coisas urgentes, mas não importantes. Muitas pessoas investem muito tempo nesse quadrante, pensando que estão no quadrante I, atuando nas coisas urgentes e presumindo que são importantes. A verdade de você ficar nesse quadrante é simples e fácil de entender, basta apenas perceber que essas atividades são executadas por você, com base na prioridade e expectativas de outras pessoas.

O resultado desse quadrante é ficar focado no curto prazo, continuar administrando crises, considerar planos e metas inúteis, fazer papel de vítima e manter relacionamentos superficiais.

Quadrante IV — são geralmente atividades agradáveis e que as pessoas preferem fazer primeiro, por serem assuntos do seu domínio e que lhes dão prazer, não sendo algo urgente e tão pouco importante. O resultado desse quadrante é: total irresponsabilidade, dependência dos outros e ausência de comprometimento com a função e a empresa.

Quadrante II — esse quadrante é a receita da eficácia. Ele lida com coisas não urgentes, e de muita importância, trabalhando com um bom nível de planejamento de médio e longo prazo, prevenção, preparação, qualificação e principalmente na construção de relacionamentos; sendo coisas que sabemos que precisamos fazer, mas às quais raramente nos dedicamos, porque sabemos que não são urgentes.

Os resultados são gratificantes como: visão de futuro, equilíbrio, disciplina, controle e poucas crises. Peter Drucker escreveu que, "as pessoas eficazes não vivem voltadas para os problemas, elas vivem voltadas para as oportunidades. Elas alimentam oportunidades e deixam os problemas morrerem de fome".

Pense em suas atividades profissionais e pessoais! Coloque no papel suas atividades e ações, encaixe-as nos quatro quadrantes e depois analise em qual quadrante você está dedicando a maior parte do seu tempo e seja proativo, porque "O segredo não é priorizar a agenda, mas sim agendar as prioridades".

Novamente o golfe tem similaridade com o hábito "Primeiro o Mais Importante". Todo golfista gosta de demonstrar poder e habilidade pela distância em que bate o seu *driver* (nome do taco usado para tacadas de longa distância e saídas do *tee*). Sem dúvida, uma boa e longa batida de *driver* ajuda, e muito, as possibilidades de dar menos tacadas para terminar o buraco e, com isso, diversos jogadores, enganosamente, treinam incansavelmente as tacadas de longa distância, deixando em segundo plano *os approach* (tacada que leva ao *green*) e o *putt* (tacada suave, que tem por objetivo jogar a bola no buraco).

A soma do *approach* e *putt* podem representar mais de 50% da eficácia para um bom resultado; nesse caso são as tacadas mais importantes do jogo, normalmente negligenciadas pelo prazer e a satisfação de um jogador lançar a bola ao maior número de jardas possível. Fica fácil identificar que, para melhorar o *escore* (contagem final das tacadas) é de suma importância dedicar tempo e treinamento às tacadas de aproximação ao buraco, e não somente as tacadas de longa distância só para exibicionismo e demonstração de potência de alguns menos inteligentes golfistas.

4º Hábito — Pense Ganha/Ganha

Em um processo de negociação e/ou relacionamento você pode decidir que tipo de paradigma poderá exercitar: Ganha/Ganha ou Perde/Perde ou Ganha/Perde. O Ganha/Ganha é mais do que um simples processo, chega a ser um estado de espírito que busca constantemente o benefício mútuo nas interações humanas.

Quando praticado, as partes envolvidas ficam satisfeitas, colaborativas e comprometidas, entendendo que o sucesso de uma pessoa não é conquistado com o sacrifício ou exclusão de outra; na verdade é uma terceira alternativa, não se tratando de ser do meu ou do seu jeito, mas sim do melhor jeito para os envolvidos.

Como já expliquei em outros momentos, o golfe não é um jogo de competição, não há adversário direto como nos jogos coletivos ou mesmo nos individuais como o tênis. Os adversários no golfe são as árvores, os lagos, as limitações do campo, sendo o maior adversário você mesmo, uma vez que você não consiga encontrar o seu bom *swing* e sua confiança para as tacadas. Qual a relação com o hábito Ganha/Ganha?

Pela essência da prática do golfe, a cortesia, o coleguismo e o respeito são comportamentos fundamentais, sendo comum você torcer a favor do seu parceiro de jogo, mesmo que esteja em um torneio. A ideia é você ganhar o torneio porque fez o seu melhor naquele dia, e não porque os outros jogaram muito mal. Com isso, o sentimento e o comportamento durante as quatro horas de jogo, em relação aos seus parceiros, é que eles joguem bem, você até fala com a bolinha deles pedindo para ela parar antes de uma banca, ou para seguir em frente e entrar no *green* (área onde fica o buraco).

Algumas vezes torce para que a bola bata na árvore e volte para o *fairway* (região no centro do campo, entre o *tee* e o *green*). Mesmo durante um torneio é comum você orientar o seu parceiro para ter mais calma, respirar antes de bater e até mesmo dar alguma dica do que ele esteja fazendo de errado em seu *swing*, e isso é uma verdadeira relação de Ganha/Ganha, porque quanto maior o nível de jogo do seu parceiro, mais você deverá se esmerar para manter o seu jogo em alta *performance*.

5º Hábito — Procure Primeiro Compreender, Depois ser Compreendido

Vamos imaginar que você está com algum problema de saúde, e vai ao médico. Ao sentar na cadeira do consultório, o médico lhe cumprimenta e, em seguida, pega o seu bloco de receitas, olha para você e prescreve um remédio para que você tome no café da manhã e outro no jantar por sete dias; agradecendo sua vinda, acompanha você até a porta do consultório e chama o próximo paciente.

Você compraria o remédio e o tomaria por sete dias? Com o mínimo de bom senso, você sairia do consultório com muita indignação, e procuraria um médico que fizesse um diagnóstico antes de prescrever algum remédio, certo? É exatamente assim o hábito: procura compreender, para depois ser compreendido; sendo um dos princípios chaves para a eficaz comunicação interpessoal.

Passamos anos aprendendo a falar, ler e escrever, mas quanto tempo nos dedicamos a escutar? Passamos a maior parte das nossas horas acordados se comunicando, e quanto tempo dedicamos, de verdade e profundamente, a compreender o que a outra pessoa quer dizer? O mais comum é ouvir a outra pessoa com a intenção de responder e ainda selecionando o que quer escutar e quase sempre se preparando para falar, e não verdadeiramente intencionado a compreender o que está sendo dito.

Covey nos explica a importância da escuta empática, que é diferente de uma escuta solidária. É uma escuta concentrada, prestando atenção e focando suas energias nas palavras e na essência do que está sendo falado. A escuta empática não significa que você deva concordar com o que está sendo falado; o objetivo é se esforçar para compreender o que a outra pessoa está tentando transmitir. Os estudos já comprovaram que as palavras representam 10% da compreensão na comunicação: compreende-se 30% pelos sons e tonalidades e 60% pelos gestos. Para escutar empaticamente, você deve escutar com os ouvidos, com os olhos, com a mente e o coração.

Uma das grandes descobertas no campo da motivação humana é que as necessidades satisfeitas não motivam. Apenas as necessidades insatisfeitas motivam as pessoas. Depois da sobrevivência física, a maior necessidade humana é a sobrevivência psicológica, ou seja, a necessidade de ser compreendido, afirmar-se, receber incentivo e ser amado.

Os Estágios da Escuta Ativa

Existem quatro estágios de desenvolvimento para a prática da escuta ativa.

O primeiro estágio é a **Repetição do Conteúdo**. É o estágio da escuta ativa ou reflexiva, simplesmente repetindo as mesmas palavras que a outra pessoa está falando, sem julgamento, interpretações ou avaliações. Assim, você realmente prestou atenção nas palavras ditas, mas não é o suficiente para a compreensão do que foi dito. Veja o diálogo entre um pai e filho:

— Puxa, pai, eu estou cheio! Escola é coisa de panaca.
— Você está cheio. A escola é coisa de panaca.

O segundo estágio é a **Reestruturação do Conteúdo**. Nesse momento você repete o que foi dito com outras palavras, usando o lado esquerdo e lógico do cérebro, fazendo uma primeira análise.

— Puxa, pai, eu estou cheio! Escola é coisa de panaca.
— Você não quer ir mais à escola!

O terceiro estágio você usa o lado direito do cérebro, você **Reflete o Sentimento**. As palavras ficaram em segundo plano, agora você presta atenção no que a outra pessoa está sentindo em relação ao que ela está dizendo.

— Puxa, pai, eu estou cheio! Escola é coisa de panaca.
— Você está se sentindo muito frustrado?

O quarto estágio é a soma do segundo e terceiro estágio; você **Reestrutura o Conteúdo e Reflete o Sentimento**. Permite-lhe a compreensão do que está sendo dito, utilizando os dois lados do cérebro, oferecendo uma excelente oportunidade de chegar ao verdadeiro problema, aumentar sua relação interpessoal e até a conquista da confiança da outra pessoa.

— Puxa, pai, eu estou cheio! Escola é coisa de panaca.
— Você está realmente frustrado com a escola.

A frustração é o sentimento, a escola é o conteúdo. Você estará usando os dois lados do seu cérebro para compreender o que está sendo dito.

Vemos vários gestores e líderes reclamarem que não têm tempo para escutar e compreender as pessoas, jogando a culpa nos outros, alegando que seus subordinados deveriam trazer os assuntos mais objetivamente. Deve-se ter um pouco de cuidado com esse comportamento; com certeza, escutar ativamente toma tempo no começo, mas acaba economizando um bocado de tempo no futuro, acredite nisso!

Imagine que pela janela do seu escritório entra um vento, forte o suficiente para espalhar, por toda sala, a pilha de folhas A4 do relatório que você irá apresentar em quinze minutos a toda diretoria. O sentimento é de angústia e ansiedade, mesmo estando todas as folhas numeradas; desesperadamente, você começa a recolher as folhas do chão tentando arrumar a bagunça, não se dando conta de que você deveria se dedicar alguns segundos para, simplesmente, fechar a janela. Muitas vezes, deixamos de compreender outras pessoas porque não fechamos as janelas antes.

6º Hábito — Crie Sinergia

Sinergia é uma palavra bastante utilizada no ambiente corporativo, com propósito de união, integração e excelência no trabalho em equipe e clima organizacional. De forma simples, pode-se dizer que sinergia significa que o todo é maior que a soma das partes; basta pensar na natureza onde duas sementes plantadas próximas criarão raízes misturadas, fortalecendo o solo e o crescimento das duas plantas, como também, se juntarmos duas peças de madeira teremos um melhor resultado no quesito resistência.

A insegurança dos novos tempos faz com que sejamos criados e educados com certos cuidados de proteção e ações defensivas. O pedido dos pais para não falar com estranhos, não aceitar nada de ninguém e ficar atento com as outras pessoas, inibe consideravelmente o processo de sinergia em todas as instâncias de nossa vivência. É comum vermos uma grande sinergia em momentos difíceis. As pessoas se esforçam e têm orgulho em participar de ações críticas como salvar uma vida, superar uma crise na empresa ou apagar um incêndio. Está implícito no ser humano o desejo de ser sinérgico e participar de ações coletivas com propósito e significado; essa participação preenche seu ego e proporciona inspiração e motivação para a felicidade e realização.

Nesse contexto, explica-se a existência da sinergia intrapessoal. Trata-se da sinergia existente dentro de nós, que supostamente antes de se dedicar a sinergia externa ou interpessoal, será necessário entender e sentir a sua sinergia interior, compreendendo e respeitando suas próprias diferenças e limitações. Não é uma função fácil enxergar e perceber essa sinergia; normalmente temos uma visão restrita do nosso eu e do mundo externo, por isso necessitamos, em vários momentos, de supervisão ou de alguém que nos ajude com sua "super visão".

Para haver sinergia temos que trocar o "OU" pelo "E", entendendo que as coisas não são binárias, ou isso ou aquilo. A verdadeira sinergia está em utilizar mais "E" do que "OU". Podemos trabalhar e sermos felizes; podemos perder alguma coisa e ganharmos outra; podemos ir ao cinema e tomarmos sorvete. Só se consegue êxito no golfe se você conjugar todos os verbos ligados por um "E". Lembra da execução do *swing*? Do número de ações e movimentos que se deve fazer corretamente para lançar a bola em uma distância razoável? Primeiro você deverá segurar o taco com um bom gripe "e" ficar com os olhos fixos na bola, "e" levantar o taco para trás "e" depois para frente no tempo certo "e" bater a bola bem no meio da face do taco.

Somente com essa soma de "Es" poderemos ter sucesso na tacada, mas ainda não é o suficiente, temos que ter a intrassinergia: a confiança de que você conseguirá fazer todos os movimentos corretamente e utilizar a velocidade adequada e a direção certa para deixar a bola o mais próximo possível do buraco. Sinergia é a fonte de um bom relacionamento consigo mesmo e, consequentemente, com as outras pessoas; também favorece a formação de um bom golfista.

7º Hábito — Afine o Instrumento

A parábola de afiar o instrumento facilita a compreensão do significado desse hábito:

Suponha que você encontre alguém na floresta, trabalhando agitadamente para derrubar uma árvore, para e inicia uma conversa:

— O que está fazendo amigo?
— Não está vendo? Impacientemente responde. — Estou cortando essa árvore.
— Você parece exausto! Há quanto tempo está trabalhando?
— Mais de cinco horas! Estou esgotado! É um trabalho árduo!
— Bem, por que você não descansa por alguns minutos e afia esse machado? Com certeza, depois vai trabalhar muito mais rapidamente!
— Não tenho tempo para afiar o machado. – Diz o homem, decidido. – Estou muito ocupado cortando árvores!

As Quatro Dimensões da Natureza Humana

O Hábito 7 propõe cuidados com quatro dimensões de sua natureza: a física, a espiritual, a mental e a social/emocional. George Sheehan, o guru da corrida, especifica quatro papéis do ser humano: ser um bom animal (físico), um bom artesão (mental), um bom amigo (social) e um santo (espiritual).

- A ***dimensão física*** consiste em tratar e cuidar eficazmente do nosso corpo, comendo os alimentos adequados, descansar e relaxar o suficiente e praticar exercícios regularmente. Outro dia, escutei de um médico parceiro de golfe que não afiamos o instrumento com relação à saúde, não arrumamos tempo para cuidar do nosso físico e saúde, mas depois temos que, forçadamente, arrumar tempo para cuidar da doença! Isso me fez refletir muito.
- A ***dimensão espiritual*** está ligada ao seu sistema de valores e crenças. São diversas as formas de se encontrar com sua espiritualidade, alguns encontram-na através da literatura, outros na música de qualidade, na comunhão com a natureza, na meditação e também na sua crença religiosa.
- A ***dimensão mental*** é um dos pontos de grandeza do ser humano. Nosso cérebro envelhece com o passar do tempo, a partir dos 20 anos de idade, mas a nossa mente não envelhece, ela empobrece uma vez que não a aprimoramos de forma disciplinada: reduzimos a nossa dedicação à leitura de temas diferentes, não exploramos novos aprendizados, com profundidade, evitamos pensamentos e reflexões analíticas, temos preguiça de colocar nossa visão e percepções no papel; em vez disso passamos mais tempo na frente da televisão.

  Pesquisas indicam que passamos de 35 a 40h por semana vendo TV, praticamente o mesmo tempo que dedicamos ao trabalho, e mais do que investimos na nossa capacitação. A pessoa que não lê não está em melhor condição de uma pessoa que não sabe ler. Pense nisso!
- A ***dimensão Social/Emocional*** está vinculada, principalmente, aos nossos relacionamentos e interações com o nosso cotidiano. Somos seres que necessitam viver em sociedade, queremos

ser amados e admirados pelas pessoas que conhecemos. Manter um relacionamento saudável e conquistar novos amigos faz parte da manutenção dessa dimensão, seria como ter o instrumento sempre afiado.

O conceito de "Afine o Instrumento" no ambiente golfista é um dos importantes cuidados para ser um bom e feliz jogador. Sempre escutei que quem aprende a andar de bicicleta jamais esquece, querendo dizer que se você ficar sem andar de bicicleta por um bom tempo, ao subir em uma bicicleta, após 20 anos, sairá andando normalmente.

Creio que no golfe não é bem assim. Não tenho dados científicos do que irei escrever, apenas uma hipótese, tendo como base as minhas experiências. Como viajo muito, em razão das minhas consultorias e palestras pelo Brasil, é comum eu ficar três ou até quatro semanas sem jogar; e sempre que isso acontece, ao chegar ao campo após esse tempo todo, fico com a impressão de que desaprendi os movimentos e que terei muita dificuldade para acertar a bolinha na direção certa.

Minha hipótese é porque o golfe exige memória muscular dos movimentos, preocupações mentais e técnicas aprimoradas, com execução sincronizada e coordenada. Por esses motivos, surge a sensação de medo e insegurança desestabilizadora, até realizar os primeiros *swings*, que normalmente são horríveis. A partir da sexta tacada, parece que se reencontra o jeito de bater na bola, a memória muscular parece recordar o melhor *swing*, a confiança surge como um passe de mágica para mandar a bola a uma distância razoável. Rapidamente percebe-se que essa rápida lembrança não é o suficiente para conseguir uma boa tacada de aproximação ao *green*, onde situa o buraco, e logo depois ao bater *putt* (tacada no *green* para embocar), cometendo grosseiros erros, isso porque essas duas tacadas exigem maior sensibilidade e uma grande sintonia fina muscular.

As tacadas que exigem sensibilidade só logram êxito se constantemente treinadas. Como na história do lenhador, você tem de afiar o instrumento, treinando no mínimo duas vezes por semana as duas tacadas mais importantes do golfe, o *approach* e o *putt*, que representam significativamente 50% do jogo. Como comparativo, posso citar o exemplo do aluno que estuda somente na véspera da prova. Ele até pode passar de ano, e com um pouco de sorte conseguirá boas notas, mas como não se dedica diariamente ao aprendizado, nunca consegue dominar realmente as matérias.

Existe uma grande diferença entre ser eficiente e eficaz. Ser eficiente é você fazer bem e certo as coisas; mas ser eficaz vai além de fazer as coisas eficientemente, é atingir também o resultado desejado. Em meus seminários costumo dar o exemplo da seleção brasileira de futebol. Em uma partida, a seleção brasileira chutou 90% a mais que o adversário a gol; acertou 95% dos passes entre os jogadores e desmarcou o adversário em mais de 80% das jogadas. Foi muito eficiente, mas perdeu de 1 x 0. Nesse caso foi ineficaz.

Creio que nesse capítulo ficou claro a importância das habilidades eficazes, quer seja na vida pessoal, profissional ou na de um jogador de golfe. Covey resume eficazmente as habilidades dizendo: *"Quanto mais proativo você for* (Hábito 1), *mais eficaz será no exercício de sua liderança pessoal* (Hábito 2) *e no gerenciamento de sua vida* (Hábito 3)". *Quanto mais eficácia no gerenciamento de sua vida* (Hábito 3), *mais afiado será o seu instrumento* (Hábito 7). *Quanto mais você procurar primeiro compreender* (Hábito 5), *mais eficaz será na busca de soluções sinérgicas para o Ganha/ Ganha* (Hábitos 4 e 6). *Quanto mais você se aprimorar nos hábitos que levam a independência* (Hábitos 1, 2 e 3), *mais eficaz será em situações interdependentes* (Hábitos 4, 5 e 6). *E a renovação* (Hábito 7) *é o processo de revitalizar todos os outros hábitos.*

Seja uma pessoa habilidosamente eficaz em tudo e para todos!

Livro V
— A Grandeza

A analogia entre grandeza e golfe desse capítulo está apoiada no livro *O 8º Hábito: da eficácia a grandeza*, de Stephen R. Covey. "Encontre a sua voz e paixão interior, e inspire os outros a encontrar a deles" é a essência do oitavo hábito. O verbo "inspirar" vem do latim, que significa "soprar vida em outro". Esse hábito concretiza a evolução da Era Industrial para a Era do Conhecimento e de forma emergente a Era da Sabedoria, que não mais enxerga as pessoas como objetos ou coisas, mas sim como pessoas completas, contemplando as quatro partes extraordinárias da nossa natureza: corpo, mente, emoção e espírito.

O rendimento do ser humano na evolução da história aumentou em 50 vezes ao passar da Era do Caçador para a Era da Agricultura, mesmo com técnicas incipientes. Com a construção de fábricas, linhas de montagem e divisão de tarefas, a produtividade da Era da Agricultura familiar para a Era Industrial aumentou 50 vezes. Acredita-se que a passagem da Era Industrial para a Era do conhecimento, que estamos vivenciando, aumentará em proporções excepcionalmente maiores dos que as 50 vezes das eras anteriores; compreendendo que, na Era Industrial do século XX, os equipamentos e a tecnologia eram os ativos mais valiosos da empresa. Na Era do Conhecimento, do século XXI, o bem mais valioso serão os trabalhadores do conhecimento e sua produtividade.

Como consultor, vejo constantemente um forte desperdício de capacidades e talentos das equipes de trabalho. Ainda existem líderes que "coisificam" as pessoas enxergando-as como mão de obra apenas. Recentemente, começaram a entender e utilizar os cérebros de obra existentes em sua equipe. Acredito que, em um curto período, as organizações visualizarão as pessoas como seres completos — com corpo, mente, emoção e espírito —, obtendo resultados de múltiplos ganhos a todas as partes interessadas.

A pesquisa realizada pela Harris Interactive, entrevistando 23 mil empregados de diversas atividades e ramos, proporcionou-nos indicadores que merecem reflexão. Vejamos alguns:

- Apenas 37% têm conhecimento de onde a sua organização quer chegar e por quê.

- Apenas 50% dos entrevistados estavam satisfeitos com o seu desempenho e trabalho executado durante a semana.

- Apenas 15% sentiam que trabalhavam num ambiente de grande confiança.

- Apenas 17% sentiam que a organização era transparente em sua comunicação.

- Apenas 20% dos trabalhadores confiavam plenamente na organização em que trabalhavam.

Vamos imaginar esses indicadores em um time de futebol. Digamos que apenas quatro dos 11 jogadores em campo saberiam de qual lado está o gol. Somente dois estariam focados em fazer gols. Apenas três saberiam em qual posição jogar e quais os principais resultados se espera deles. Muito provavelmente a equipe estaria competindo entre si e não contra os adversários. Com essas amostras, percebe-se que existem significativas oportunidades na relação entre a organização e as pessoas que colaboram com os resultados, bastando às empresas transferirem-se para a Era do Conhecimento e implantarem uma nova gestão com foco na pessoa completa.

O processo de competitividade exige que as organizações e profissionais sejam eficazes, sendo esse o requisito que devemos pagar apenas para entrar em campo ou no mercado. No contexto da pessoa integral, é importante que a organização e seus líderes compreendam que existem quatro necessidades humanas universais, ou seja, o ser humano essencialmente deseja "viver (sobrevivência) — amar (relacionamentos) — aprender (crescimento e desenvolvimento) e deixar um legado (significado e contribuição)", com uma nova consciência de que ele tem o poder da escolha".

Peter Drucker, um dos grandes pensadores da administração moderna, disse:

> "Em alguns séculos, quando a história de nossos dias for escrita com uma perspectiva de longo prazo, é provável que o fato mais importante que os historiadores destaquem seja não a tecnologia, nem a internet, nem o comércio eletrônico. Será uma mudança sem precedentes da condição humana. Pela primeira vez, literalmente, um número substancial e crescente de pessoas tem escolhas. Pela primeira vez, elas gerenciam a si mesmas. E a sociedade está totalmente despreparada para isso."

Trata-se de um novo modelo mental, uma nova forma de liderar as pessoas, não mais as considerando como despesa nos demonstrativos contábeis, em um ato de cegueira funcional da organização. Einstein disse: "Os principais problemas com os quais nos deparamos não podem ser resolvidos no mesmo nível de pensamento que tínhamos quando os criamos", querendo dizer que, serão necessárias mudanças de paradigmas se desejarmos aprimorar significativamente a relação empresa/empregado e mercado/ governança.

O Golfista, jogando contra si, e os obstáculos do campo, treina utilizando todos os recursos da pessoa integral para fazer as escolhas certas. Não é uma escolha fácil, porque são diversos itens a serem escolhidos em frações de segundos como:

- Calcular a distância que a bola está do buraco e escolher o taco certo. Lembrando que cada jogador consegue uma distância diferente para cada taco.
- Escolher a direção do lançamento da bola, uma vez que a tendência dos jogadores é diferente. Alguns lançam a bola mais para a direita (os mais novatos no esporte) e outros para a esquerda.
- Escolher o *grip* (empunhadura) adequado. Pode segurar o taco mais em cima ou mais embaixo; e mais apertado ou menos apertado.
- Escolher se a bola deverá ser lançada mais alta ou mais baixa. Para isso, o jogador deverá colocar a bola mais perto do seu pé esquerdo (alta) ou direito (baixa).
- Escolher a extensão do seu *swing*. Irá fazer um *swing* completo ou apenas meio *swing*.
- Escolher, até mesmo, o melhor lado para errar.

139 • Você Erra Todas as Tacadas que Não Dá: uma Lição de Liderança

Ao nascer, recebemos lindos presentes e dons como: talento, capacidade, privilégio, inteligência, oportunidade, mas, infelizmente, esquecemo-nos disso ao longo do tempo e esses presentes ficam adormecidos no nosso interior. Buckminster Fuller diz: "Todas as crianças nascem geniais; 9.999 de cada 10.000 são "desgeniadas" rápida e inadvertidamente pelos adultos". O primeiro dom que recebemos é a liberdade de escolha. Podemos dirigir nossa própria vida com base nos nossos valores. Como seres humanos, podemos agir; já os animais apenas reagem.

Nossa capacidade de escolha nos permite mudar e reinventar o presente e criar o nosso futuro. Recebemos diversos estímulos no dia a dia, e cada estímulo demanda uma resposta, e é nesse meio que há o espaço e a liberdade para as nossas escolhas. Podemos fazer escolhas certas ou erradas. Ella Wheeler Wilcox apresenta uma citação que merece reflexão: "Um barco navega para o leste e outro para o oeste, levados pelo mesmo vento. É a posição das velas e não a ventania que nos dá o rumo". Como os ventos no mar, assim é o destino, nossa viagem pela vida; é a posição da alma que decide nosso rumo, não a calmaria nem a rivalidade.

Outras dádivas que recebemos são as múltiplas inteligências como a: inteligência mental, a física, a emocional e a espiritual. Para viver e utilizar bem todas as inteligências é só pensar assim:

- Para o *corpo* – imagine que você sofreu um infarto; agora viva de acordo com isso.

- Para a *mente* – imagine que a meta profissional é de dois anos; agora prepara-se como decorrência disso.

- Para o *coração* – imagine que a outra pessoa pode ouvir tudo o que você fala dela; agora fale de acordo com isso.

- Para o *espírito* – imagine que você tem um encontro pessoal com o seu criador a cada trimestre; agora viva de acordo com isso.

Os Três Atributos da Pessoa Integral

Imaginando e agindo com essas inteligências, você estará fortalecendo seu caráter, suas atitudes e hábitos. Três são os atributos que regem o mundo, segundo Covey: "a Visão; a Disciplina e a Paixão". A **Visão** é ver um estado futuro com os olhos da mente. As coisas são criadas duas vezes – a primeira, faz-se uma criação mental e a segunda uma criação física. Albert Einstein disse: "A imaginação é mais importante do que o conhecimento. A memória é o passado. É finita. A visão é o futuro. É infinita".

A **Disciplina** representa a segunda criação. É a execução, o fazer acontecer e a concretização efetiva da visão, com a interiorização da força de vontade para mergulhar na realização, sendo um verdadeiro discípulo de uma causa ou propósito. Imagine que você gostaria de tocar piano, essa seria a sua visão; o quanto de disciplina seria exigido de você para suportar os novos ensinamentos e os longos treinamentos em cima do instrumento?

Já comentamos anteriormente o quanto o jogo de golfe exige disciplina. Dizem que a cada mudança de gripe, *swing* ou posicionamento, o golfista deverá treinar batendo no mínimo mil bolinhas para que seu corpo assimile a memória muscular, e sua mente torne as mudanças um conjunto automático dos movimentos.

A **Paixão** é o impulso constante do coração, é o entusiasmo para fazer e realizar. Entusiasmo em grego significa "O sopro de Deus". Por isso, a paixão é a nossa voz, nossa vocação, é aquilo que impulsiona e energiza a nossa vida, é o que alimenta a nossa visão e a disciplina. Quando a vida, o trabalho, a diversão e o amor giram em torno da mesma coisa, consolidamos a paixão! Quando a pessoa é apaixonada pelo que faz, não há necessidade de supervisão, acompanhamento, controle ou de dizer o que ela tem de fazer. O trabalho será sempre ótimo, pois a chama vem de dentro, a motivação é interna e intensa. Stephen pondera que: "A consciência, muitas vezes, nos diz o **porquê**, a visão identifica **o quê** estamos tentando realizar, a disciplina representa o **como** vamos realizá-lo; e a paixão é a força dos sentimentos que estão por trás do **porquê,** do **que** e do **como**".

Os Pilares da Pessoa Integral

A descrição dos pilares da pessoa integral consumiria dezenas de páginas. Por essa razão, construímos um quadro resumido para facilitar sua compreensão. Se desejar aprofundar no tema, recomendo a leitura integral do livro *O 8º Hábito*:

Pessoa Integral	Quatro Necessidades	Quatro Inteligências	Quatro Atributos	Voz
Corpo	Viver	Física	Disciplina	Necessidade
Mente	Aprender	Mental	Visão	Talento
Coração	Amar	Emocional	Paixão	Paixão
Espírito	Deixar um legado	Espiritual	Consciência	Consciência

O Líder Integral

Traduzindo o modelo da pessoa integral para a liderança integral, pode-se conceituar os quatro principais papéis de um líder como:

- Modelar (consciência): dar um bom exemplo.
- Descobrir caminhos (visão): determinação conjunta do trajeto.

- Alinhar (disciplina): estabelecer e gerenciar sistemas para manter o rumo.
- Fortalecer (paixão): focar os talentos no resultado, não nos métodos ou então sair do caminho das pessoas e ajudá-las quando for solicitado.

De certa forma podemos correlacionar os quatro principais papéis de um líder com o golfe. Vejamos:

- *Modelar* (consciência): dar um bom exemplo. Você já sabe que no golfe não há árbitro, é o jogador que se julga, e seu julgamento é orientado pela consciência. Existem diversas regras no golfe, entre elas um código de etiqueta que contempla cavalheirismo e cortesia (deixar passar um grupo que joga mais rápido que o seu); educação (cumprimentar e elogiar as pessoas); caráter (honestidade e integridade); espírito esportivo (vencer ou perder com elegância); respeito (cumprir as regras, o silêncio e os combinados); responsabilidade (cuidar pelas boas condições do campo, reparando suas marcas, buracos, gramas etc), entre outros.
- *Descobrir caminhos* (visão): determinação conjunta do trajeto. Quando as tacadas são no meio do campo, o caminho é quase sempre uma reta; mas quando a tacada é embaraçosa, forçará o jogador a encontrar uma solução, e com certeza exigirá uma boa visão para descobrir o melhor caminho para volta ao jogo.
- *Alinhar* (disciplina): estabelecer e gerenciar sistemas para manter o rumo. Para o jogador de golfe, resume-se no treinamento repetitivo e aprimoramento constante. Recomenda-se ao jogador que, após o término de uma partida, vá ao *drive ranger* e tente reproduzir corretamente as tacadas mal sucedidas em campo. A informação e atualização

dos equipamentos podem contribuir para uma melhor *performance*, mas exigirá disciplina de leitura, estudos e pesquisas.

- *Fortalecer* (paixão): focar os talentos no resultado, não nos métodos e sair do caminho das pessoas ajudando-as quando for solicitado. Vou relatar uma situação verídica: Às vezes, passamos por uma temporada de resultados ruins no golfe. Isso é comum acontecer com qualquer jogador, seja ele iniciante ou veterano no esporte. Estava exatamente nessa fase, mas não por isso, deixei a minha paixão pelo golfe adormecida, apenas um pouco desgastada e desconfortável, quase irritante que experimentava.

Aproveitei as festas de final de ano, e fui para São Paulo passar o natal com a minha mãe e familiares, e como não havia muita coisa para fazer fui a um campo de golfe para conhecer e na hora resolvi tomar uma aula com um professor que não conhecia, confesso que com uma certa desconfiança sobre sua competência.

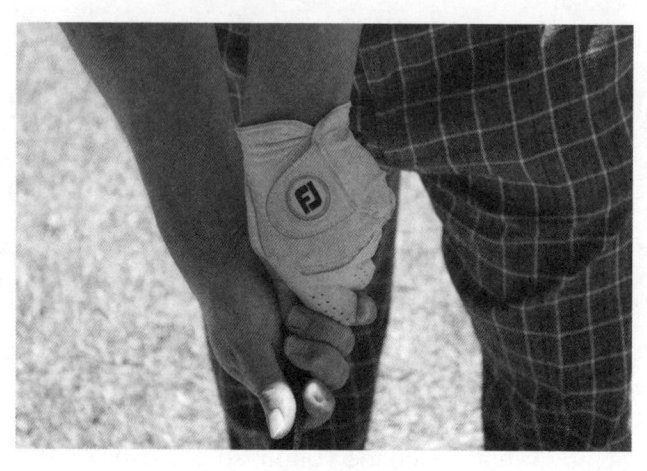

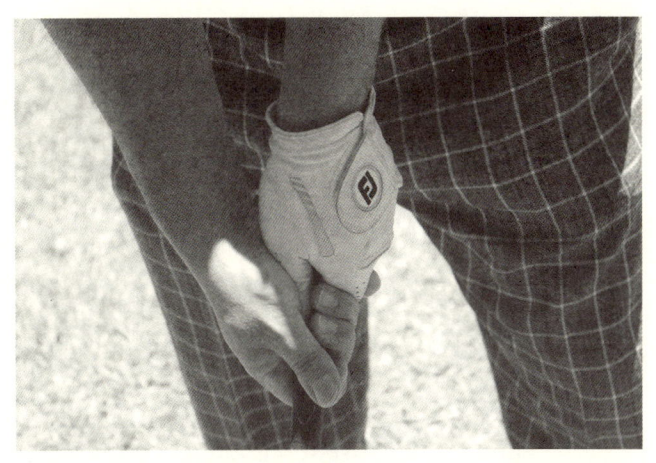

Foi o melhor presente de Natal que poderia ganhar; ele corrigiu alguns fundamentos básicos do meu gripe e *swing*, fazendo com que eu mandasse a bola para a esquerda, uma coisa que estava tentando a mais de um ano. Meu desejo foi voltar para o meu clube, o mais depressa possível, para treinar e tatuar na minha mente e na memória muscular o novo *gripe* e *swing* matador, com a ansiedade de testar as novidades em uma partida com os amigos de sempre; mas tive que me conter, porque a passagem estava marcada somente para depois do ano novo.

Cheguei em casa na manhã de um domingo, à tarde, aproveitando o horário de verão, corri para o campo; para a minha alegria, os resultados foram maravilhosos, as bolas foram para a esquerda quando necessitei, e as distâncias aumentaram maravilhosamente uns 30%. Ao chegar em casa, após um bom banho, percebi o quanto sou apaixonado pelo golfe, e como esse jogo me faz feliz, mas logo pensei que poderia ajudar os amigos com as novidades simples e eficazes aprendidas, e a ansiedade voltou, só por pensar que haveria a espera de cinco dias para chegar o final de semana e encontrá-los.

Os Três Tipos de Grandeza

Esse capítulo fala de grandeza, sendo o 8º hábito o caminho para a grandeza, conduzindo-nos a encontrar nossa voz interior e inspirar os outros a encontrar a deles. Existem três tipos de grandeza que, juntas perfazem a realização completa de todas as partes. Vou discorrer brevemente sobre as três:

- A *Grandeza Pessoal* é encontrada quando descobrimos os três dons recebidos ao nascermos: a escolha, os princípios e as quatro inteligências humanas perfazendo os pilares da Pessoa Integral, facilitando a visão, a disciplina e a paixão das pessoas e possibilitando contribuições e significados no mundo em que vivemos.

- A *Grandeza da Liderança* é alcançada quando os líderes escolhem como propósito, inspirar outras pessoas a encontrar sua própria voz, praticando os quatro Papéis do Líder.

- A *Grandeza Organizacional* é alcançada quando a missão, visão e valores são verdadeiramente partes integrantes da sua filosofia e a execução como cultura. As organizações que trabalham com as três grandezas encontram sua maior expressão de força e potencial. Como no golfe, quando o jogador consegue um *sweet spot*, que é o ponto preciso da lâmina do taco impactando a bola para que ela atinja sua maior distância e alcance o objetivo desejado, liberando uma sensação de empolgação, vibração e entusiasmo.

Encontrar e manter a cultura da grandeza exige constantes mudanças. É comum perguntarmos: como devemos iniciar as mudanças necessárias para alcançar a grandeza pessoal, da liderança e das organizações? Imagine que você esteja dirigindo um carro com o pé no freio, qual seria a maneira mais rápida de ir para frente: pisar fundo ou soltar o freio? Obviamente seria apenas soltar o freio. Assim é o ambiente em que vivemos, seja ele pessoal ou profissional.

Algumas pessoas soltam o freio para as mudanças e outras freiam o tempo todo.

A construção de uma cultura da grandeza pode ser comparada ao bambu chinês. Há certas espécies de bambu chinês que, quando plantadas não vemos nada durante quatro anos; apenas um pequeno broto, e é só. Aguamos, adubamos e fazemos de tudo para que vingue. No quinto ano, o bambu dessa espécie atinge dois metros e meio de altura.

Nos estágios iniciais, a solidez do bambu se dá embaixo da terra, consolidando suas raízes, mostrando aos céticos que durante todo tempo a planta estivera crescendo e se fortalecendo para o mundo exterior. A velocidade das coisas, atualmente, exige resultados rápidos, mas devemos compreender que a construção da cultura de uma organização, de um líder e das pessoas demanda tempo para se fortalecer, e somente com ações contínuas de aguar a semente e adubar o solo é que poderão fazer florescer a grandeza.

Essa abordagem me faz lembrar os iniciantes do golfe e alguns professores desse esporte. Além dos equívocos da primeira e frustrante aula de golfe relatada anteriormente, acontece à primeira vez em que o futuro jogador experimenta uma volta no campo oficial, sem ter suas raízes técnicas fortalecidas por treinos, aulas e leitura. Com todo conhecimento e aprendizado de golfe que você adquiriu nesse livro, já pode imaginar as tragédias desse dia!

Como diz o ditado popular: "treino é treino, jogo é jogo". Pela primeira vez, o iniciante irá encontrar um lago à sua frente, e isso irá mexer com o seu emocional e sua autoconfiança, e posso afirmar que, de nove em cada dez, essa tacada resulta em uma enorme frustração e angústia por ver a bolinha saindo do *tee* rasteiramente, cortando a grama do caminho e mergulhando na água, a menos de uma jarda de distância.

Continuando o aprendizado no campo e olhando o seu professor bater uma bola longa, reta, e caindo magicamente ao lado buraco, o aluno se prepara e tenta imitá-lo, imprimindo toda sua potência na execução da tacada, tendo como consequência um maravilhoso voo da bolinha em curva profunda para a direita, encontrando nesse trajeto uma bela floresta de árvores, flores e arbustos, totalmente fora do campo.

    O jogador principiante fica muito malogrado quando perde uma bola. Não se conformando, entra no mato e passa mais de dez minutos procurando sua valiosa bola, sem qualquer chance de encontrá-la, gerando uma nova frustração psicológica; lembrando que ele não fora preparado e orientado para esses comuns acontecimentos, e nem imaginava que encontraria tantos obstáculos, os quais lhe exigiria um forte poder de superação. É quase certo que em um dos buracos a bola desse jogador encontrará a banca, uma área cheia de areia à frente do *green*, exigindo habilidade e técnica específica para sair dessa dificuldade. Nessa situação, veremos mais uma frustração, porque normalmente ele não sairá da banca em menos de três tacadas, vendo a sua bola andar menos de 30 centímetros na areia em duas tacadas.

No meio do campo (*fairway*), o professor dá a tacada — fazendo a bola voar de forma mágica, alta e veloz em direção ao objetivo, quase perfeita, demonstrando ao seu aluno como deve ser feito —, dá novas orientações de como segurar o taco (*gripe*), o posicionamento correto do corpo e como deve ser efetuado o movimento para trás e para frente (*swing*). É nesse instante que o aluno acredita que pode fazer a mesma mágica apresentada pelo professor, dessa vez possivelmente a maior decepção comparada com os acontecimentos anteriores.

O aluno erra a bolinha a sua frente (*airshot*), golpeando o ar, sem entender como pode acontecer isso se a bola e o taco estavam tão perto, e pareceu tão fácil fazer aquilo na demonstração do professor. Seria o mesmo que comparar o golfe ao bambu daquela espécie. O professor e o aluno querem plantar o bambu, regá-lo, adubá-lo, esperando que ele cresça no mês seguinte. No golfe, o ensinamento deve ser gradual, aguando novos movimentos corporais lentamente e adubando as técnicas uma a uma, para uma assimilação fortalecida. O estágio de bater uma bola distante, alta, veloz e mágica deveria ser a última fase da aprendizagem.

Todo processo de ensino/aprendizagem deve se iniciar pelo mais simples, e gradualmente inserir os fatores mais complexos, que exigirá muita atenção, disciplina e dedicação, ou seja, o professor deverá conduzir o crescimento da raiz, dando sustentação ao aluno e a consequência do processo será a formação de um bom e sólido jogador.

A receita para conquistar a grandeza deve seguir o exemplo da plantação do bambu chinês, cuidando para que o crescimento das raízes seja forte e estável, como a paciência dos orientais. Esse modo de conduzir o processo da grandeza será recompensado com uma colheita de bons frutos para as pessoas, para os líderes, para as organizações e aos jogadores de golfe.

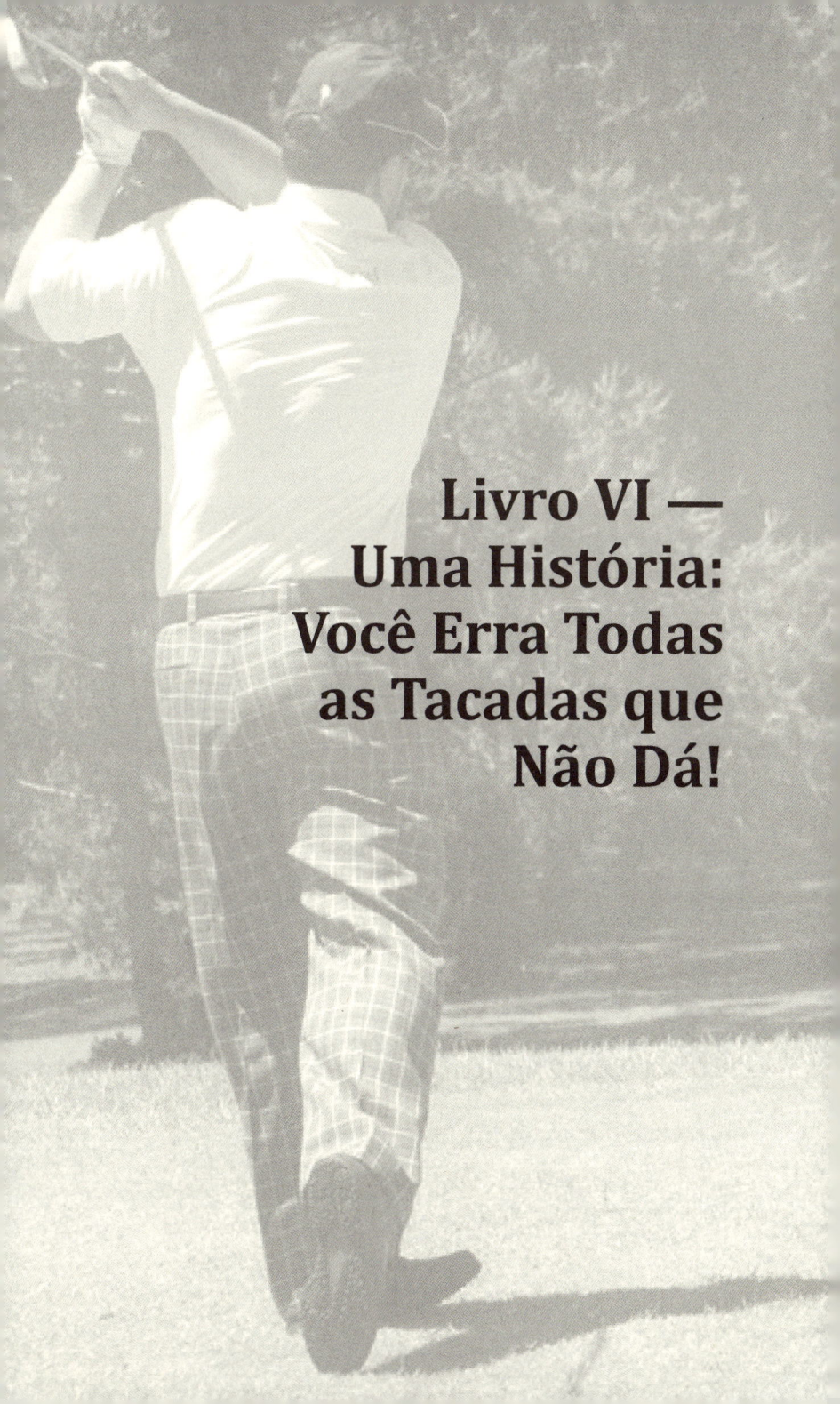

Livro VI —
Uma História: Você Erra Todas as Tacadas que Não Dá!

Estava ele se preparando para o encontro com o superintendente, na segunda feira às 10h da manhã. Era uma sexta-feira, e todos do setor já haviam ido embora, somente a luz da sala do Marcio permanecia acesa, com sua costumeira mania de ficar balançando na confortável cadeira executiva, misturando-se com o ranger das molas escutava-se seus murmúrios:

— Analisando o ano passado, pelos dois novos lançamentos que desenvolvi mereço um nove em criatividade.

— Pelas iniciativas de fazer as mudanças na equipe e no setor, pode ser um oito ou um oito e meio.

— O relacionamento com o pessoal e superior é um dos meus pontos fortes, não poderia ser diferente de dez.

— Para o conhecimento técnico, acredito que uma avaliação sete, até porque assumi essa nova área a menos de um ano.

— Na comunicação e *feedback*, outro dez, afinal recebo vários elogios da turma nesse quesito.

— O planejamento e a tomada de decisão, é fácil de avaliar, basta ver o resultado que consegui no ano passado, dá-lhe um dez meu amigo!

— O último fator da auto-avaliação é sempre liderança, não sei o porquê, até acho que deveria ser o primeiro, mas de qualquer forma, vou colocar a nota dez. Duvido que o superintendente discorde dessa avaliação, ele é quem está sempre massageando o meu ego sobre o meu estilo de liderança!

No final da Avaliação de Desempenho há o item de avaliação geral do seu desempenho no último ano, e nesse momento o Marcio, Diretor Administrativo Financeiro de uma multinacional renomada, sem titubear, coloca a nota 9,5. Na segunda-feira, na hora marcada, entusiasmado e confiante, adentra o Marcio na sala do superintende com o seu formulário de auto-avaliação para comparação, negociação e desenvolvimento de um Plano de Ação, seguindo as recomendações da área de recursos humanos.

Com uma introdução amigável e profissional, o superintendente pede para o Marcio declinar a nota que se deu para o desempenho geral, e, em seguida, as notas fator a fator. Marcio, confiante e determinado, relata, com maestria, os fatos com suas argumentações efusivas e diz, ao finalizar:

— Bem chefe! Espero ter feito minha avaliação condizente com os fatos e resultados apresentados e da forma correta.

Marcio, com brilho nos olhos, fica esperando o pronunciamento do superintende que imediatamente responde:

— Bem Marcio! Temos aqui alguns pontos de vista convergentes, e outros não. Gostaria muito que você me escutasse com atenção. Minha avaliação geral ficou em 7,5, considerando possíveis melhorias nas competências de: planejamento, foco, estratégias, alguns aspectos emocionais e, principalmente, sua tomada de decisão, devido às escolhas que você fez durante o ano passado.

O superintendente explanou fator a fator, com exemplos, fatos e dados concretos todas as notas da avaliação, não havendo nenhuma dúvida ou possível contra-argumento, apenas a concordância do Marcio com ar acanhado, encolhido na cadeira, esperando o veredito; que veio logo em seguida:

— Tenho certeza de que você conhece o nosso programa de desenvolvimento gerencial na nossa Universidade Corporativa. Esse ano, acrescentamos um excelente *workshop* com foco na revisão dos conceitos e práticas gerenciais, agregando o processo lúdico com golfe, totalmente contextualizado e pertinente com as suas necessidades de melhoria. Farei a sua inscrição para a próxima turma, que será em breve. Posso contar com você, Marcio?

Após uma despedida profissional, sem grande entusiasmo, Marcio retorna à sua sala extremamente decepcionado, e não bastou dez minutos para ele receber um e-mail do RH com o programa completo "Clinic Golfe Corporativo", com data, hora, tema de casa, leituras e diversas orientações. Ao chegar à sua sala, Marcio abre seus e-mails para iniciar as atividades do dia.

— Nossa! Já chegou o e-mail! Caramba... Onde será que estou errando? Será que foi tão ruim assim o ano passado? Não percebi os sinais dos exemplos apresentados pelo chefe. Será que tudo que o superintendente falou está certo mesmo? Mas, agora, não resta outra coisa, tenho de ir a esse tal *workshop* de golfe! Esbaforido, reclamava veementemente.

Marcio não teve uma noite bem dormida; as palavras e os exemplos apresentados pelo seu líder soavam como uma bomba na sua mente; perturbado, não conseguia dormir e nem chegar a alguma conclusão sobre tudo o que tinha acontecido, tão pouco sabia como iria enfrentar o dia seguinte com sua equipe. Extremamente confuso, inseguro e desorientado, tomou a decisão, infantilizada, de ser contra tudo e todos, deixando um rastro de atitudes e comportamentos inadequados junto à sua equipe e seus pares na organização.

Como o tempo passa muito rápido, Marcio não se deu conta de que estava agendado o seu *workshop* para a segunda-feira seguinte, e que ainda teria o tema de casa, a leitura das apostilas e a programação da viagem a Gramado/RS para providenciar. Com isso, perderia o seu joguinho de futebol com os amigos no sábado e o domingo para o descanso, pois o treinamento iniciaria às 8h da manhã, no sábado, com mais onze colegas de outras unidades.

Ainda com a postura de revolta e contrariedade, Marcio, durante o vôo, teve uma brilhante ideia, que passou a analisá-la mentalmente; mas tão forte que quase o passageiro na poltrona ao lado conseguia escutar.

— Bem, agora não tem mais volta mesmo! Como posso tirar o melhor proveito dessa situação e me sair bem? Conheço uma parte da turma que irá participar; muitos são novatos e inexperientes, e outros já estão dobrando o cabo da boa esperança de tanto tempo que trabalham na empresa. Será moleza me destacar nessa turma, e com isso vou provar para o superintendente quem é o cara na empresa!

Com esse pensamento e motivação (um motivo para a ação), Marcio ficou mais animado e buscou suas energias estratégicas e táticas para se dar bem no *workshop*. Alimentou-se bem e foi dormir cedo no apartamento do excelente hotel em que estava hospedado, para acordar refeito e com toda disposição. No dia seguinte, após a sua higiene pessoal, caprichada na barba e no cabelo, encaminhou-se para o Gramado Golf Club.

O local era simplesmente um quadro de paisagem. Em volta, muitas araucárias e pinheiros; o chão era um tapete impecavelmente verde; várias árvores coloridas se misturando à pintura esplendorosa. Ao passar pela entrada principal, viu uma porção de passarinhos comendo alpiste em uma casinha germânica feita especialmente para eles, e alguns beija-flores no bebedouro da varanda, em frente à porta da sala de treinamento.

Quando Marcio olhou atentamente para o horizonte, enxergou uma das misturas mais maravilhosas que poderia experimentar. Simplesmente um mar verde de árvores, plantas e gramado, com o lindo céu azul e algumas poucas nuvens brancas oferecendo-lhe um pequeno detalhe na pintura. Parou por alguns segundos e procurou sentir o ar puro da serra gaúcha, respirando profundamente, deleitando-se com a harmonia daquele divino lugar, quando o estado de êxtase foi quebrado por uma voz ao longe.

— Marcio, Marcio! Chamava o seu amigo Anderson, da unidade do interior de São Paulo.

— Estamos aqui na ponta no deque, tomando um café da manhã dos Deuses. Venha logo!

Marcio aproximou-se e cumprimentou a todos, um a um, com um forte aperto de mão, e antes mesmo dele terminar de colocar o café na xícara, uma simpática moça, assessora do facilitador, convidou a todos para tomarem os assentos na sala ao lado. Sua simpatia e seu pedido foi com tanta delicadeza, que Marcio não se impôs ao convite recebido, largou a xícara e buscou sentar-se na última cadeira da sala, onde tinha ampla visão de tudo e de todos.

Em pé, ao lado de um grande telão escrito em letras garrafais estava a frase: "você erra todas as tacadas que não dá!". Ao lado, estava um homem esguio, elegante, educado e com a aparência de um *gentleman*, pronto para iniciar as atividades:

— Bom-dia, senhores e senhora. Só havia uma mulher no grupo. Agradeço a presença de todos, e apresento-me como professor Renato Coelho, da Inovativa Consultoria, para ministrar o *workshop* Clinic Golfe Corporativo, uma das mais conceituadas ferramentas de capacitação experiencial com foco em liderança e gestão.

Como estratégia, Marcio procurava se esconder por detrás das cabeças dos participantes, na tentativa de não ser notado pelo mestre, fazendo caras e bocas, demonstrando a sua total indignação de estar ali naquele momento, como também, a plena descrença que iria aprender alguma coisa de liderança, jogando golfe. Sua estratégia logo foi derrubada, ele não se lembrou de que em todos os cursos, após a apresentação do facilitador, é conduzida as apresentações, enfadonhas, dos participantes.

— Vamos iniciar com a apresentação dos participantes, disse o professor!

E na sequência alfabética chegou o momento da letra "M", e com voz firme chamou-me:

— Sr. Marcio, podemos lhe conhecer? Gostaríamos de saber a sua posição na empresa, suas áreas de responsabilidade e suas expectativas em relação ao nosso *workshop*.

Embravecido com o seu erro estratégico, Marcio emendou rapidamente a pergunta:

— Sim senhor. Posso ficar sentado ou o senhor gostaria que falasse em pé?

— Fique a vontade Sr. Marcio, como se sentir melhor! Explicou Renato.

Com certo incômodo, percebido pelos presentes, mas seduzido pela educação do facilitador, a apresentação do Marcio foi sintética, seguida pelo seu amigo Anderson, que sentou ao seu lado dando-lhe total apoio. E, assim, seguiu um a um, com total atenção do facilitador, que por vezes fazia anotações no seu i-Pad, principalmente quando o participante comentava suas expectativas.

Marcio, ainda admirando a paisagem pela janela, foi abordado, sorrateiramente, pela assistente do professor, que entregou a ele e para todos os demais, um taco de golfe chamado *"Putter"* (taco específico usado para tacadas suaves, que tem por objetivo jogar a bola no buraco), juntamente com uma bolinha branca novinha em folha e grafada o nome do participante. Todos, mas principalmente Marcio, não sabiam o que fazer com o taco e a bolinha personalizada, criando um burburinho na sala, onde ninguém se entendia, quase chegando ao descontrole do mestre; quando um som de sino ecoou de forma angelical e cuidadoso, chamando a atenção da plateia para a porta onde estava o Renato, pronto para as instruções.

— Senhores, lá fora, descendo a escada do deque, existem 12 buracos no *puttergreen* (local de treino de *putter*). O objetivo dos senhores é embocar os doze buracos com o menor número de tacadas possível. Não haverá juiz ou alguém para conferir. O caráter do jogador de golfe é o seu próprio árbitro!

Enquanto todos desciam as escadas, propositadamente, Marcio cedia a passagem aos colegas parecendo gentileza, mas, na verdade, era mais uma das suas estratégias. Ele tentaria ser o último a dar as tacadas, assim teria tempo de observar como os outros fariam; e nesse tempo montaria sua tática vencedora, pois ele estava determinado a ser o melhor em tudo para dar um tapa com luvas de pelica no seu "adorável" superintendente.

Como de costume e característica marcante do amigo Anderson, ele foi o primeiro a se aventurar nas tacadas. Pegou o taco, colocou a bolinha na demarcação de saída orientada pela Adriana — a assessora do professor — que por sinal uma moça tipicamente gaúcha — com olhos azuis, loira de cabelos lisos e compridos, e muito bem-vestida, parecia uma deusa europeia —, e também como comportamento comum do Anderson, ficou todo enrabichado para o lado da moça, querendo aparecer e chamar a sua atenção.

A ansiedade e a empolgação do Anderson lhe custaram 40 tacadas para embocar os doze buracos. E não muito diferente foram os demais participantes, mas sempre abaixo da quantidade do primeiro e ansioso aventureiro. Chegou a hora de o Marcio dar as tacadas; nessa altura ele as havia estudado minuciosamente observando as que deram certas e erradas, e aproveitou para treinar no cantinho do *puttergreen*, o suficiente para se sair bem. Marcio obteve o melhor resultado de todos, embocando os doze buracos com apenas 28 tacadas, recebendo uma salva de palmas dos colegas, inclusive do professor e da assessora.

Disse o Renato:

— Bem, senhores! Vamos retornar à sala e conversarmos um pouco sobre essa nova experiência.

Novamente, não segurando a ansiedade, Anderson nem deixou o professor perguntar, saiu logo falando:

— Renato! Foi uma experiência muito interessante. Nem sempre é bom ser o primeiro; acabei sendo o jogador que embocou com o maior número de tacadas. Claro que isso ocorreu porque nunca havia pegado em um taco de golfe. O que o senhor teria para me falar e orientar?

Renato prontamente agradeceu a iniciativa, e educadamente sugeriu que todos partilhassem a sua experiência. Após os relatos com muitas risadas e incertezas, o discurso final para o fechamento da atividade foi:

— Ok, senhores. Com todas as percepções e ilustrações que acabaram de discorrer, gostaria de mais uma rodada processando os itens abordados e comparando-os com o seu dia a dia na empresa e em sua liderança, para finalizarmos.

Sentado com o seu i-Pad no colo, Renato digitou praticamente todos os interessantes relatos, e os agrupou para simplificar a apresentação:

- *Desafio* – em nenhum momento foi pronunciado que seria uma competição, mas as atitudes foram de um torneio para ver quem faria em menos tacadas. Muitas vezes a competição em uma organização não é saudável, hoje se busca a cooperação e a colaboração. O fator motivacional para superar o desafio foi excelente, ninguém desistiu no meio do caminho. O ser humano necessita ser desafiado para impulsionar a iniciativa, a perseverança e a acabativa (o processo de terminar o que iniciou). Nas empresas, os fatores motivacionais são negligenciados, por vezes, deve-se entender que mesmo os níveis mais elevados da estrutura devem estar motivados.

- *Foco* – ter o objetivo e as regras claras facilita o caminho a ser trilhado e a direção por onde devemos iniciar e terminar. Esse aspecto ficou evidente no momento em que nos foi explanado quais, como e quantos buracos deveriam ser embocados. Na organização, quando não se tem os objetivos claros, as pessoas iniciam e terminam por onde acreditam ser o melhor, com ausência de foco e alinhamento para os resultados.

- *Recursos* – somente quando chegamos no *puttergreen* é que percebemos que não sabíamos usar os recursos recebidos (taco e bola), restando somente a velha e viciada prática da tentativa do erro e do acerto. Não adianta entregar os recursos necessários para a equipe se não há orientação e treinamento. Acredita-se que as organizações oferecem os recursos necessários, mas há um certo despreparo no uso eficaz dos mesmos.

A conversa estava muito animada, quase todos engajados na troca dos aprendizados, menos o Marcio, que permaneceu calado, mas muito atento a tudo que estava sendo falado, quando o professor dirigiu-lhe a palavra:

— Sr. Marcio, o senhor concorda com quase tudo que foi abordado até o momento? Teria algum complemento de contribuição? Aliás, gostaria muito que nos relatasse o que fez para embocar em tão poucas tacadas!

Ele não queria falar, ainda fazia parte da sua estratégia de ser reconhecido pelos feitos e não pela boa comunicação, que sempre o acompanhou, mas não tinha como fugir da resposta e resolveu mostrar o quanto ele entendia de estratégias.

— Bom, minha estratégia foi ficar para o final, assim poderia analisar melhor as possibilidades, como costumo fazer no meu dia a dia com os clientes. Defini uma tática de segurar o taco e finalmente consegui um tempo para treinar. Entendo que esses fatores foram importantes para atingir o objetivo com menos tacadas!

— Muito bom Sr. Marcio, grato pelo seu relato e parabéns pela estratégia. Sua resposta oportuniza dizer o quanto é importante para um líder conseguir se planejar, focar e treinar para obter melhores resultados! Uma organização é feita de vários setores, líderes e equipes, não basta apenas um único setor ou líder atuar eficazmente se outro não está a contento. A engrenagem para e o objetivo final não chega a contento. Faz sentido para os senhores?

Com uma bolinha na mão direita, o facilitador pergunta:

— OK, senhores. Gostaria de fazer um questionamento. Por que na hora em que a Adriana recolheu os recursos, as bolinhas não foram devolvidas e ainda permanecem com vocês?

Mais uma vez, Anderson saiu na frente:
— Professor! As bolinhas estão personalizadas, eu entendi que ela é minha e deveria ficar comigo!
— Sim, Sr. Anderson. É verdade, a bolinha é sua, foi especialmente grafada com o seu nome. Quero sensibilizá-los sobre esse ato e sentimento de guardar a bolinha com tanto cuidado e esmero, convidando-os para uma reflexão: "como esse sentimento de pertencimento e engajamento está na sua equipe, na sua organização e principalmente na sua liderança?".

Nesse momento, o silêncio se instalou na sala; os olhares se cruzavam na busca de alguém que estivesse confortável com a colocação. As cabeças abaixadas declinavam a resposta unânime. Com a testa franzida e olhando para o teto, Marcio declarava sua culpa, quase deixando ler os seus pensamentos, dando o primeiro sinal de abertura para novos paradigmas que viriam no *workshop*.

Como se soubesse exatamente o que iria acontecer, Renato entrega um formulário, com uma tabela de duas colunas nas mãos de cada um, pedindo para todos preencherem, orientando para escreverem na primeira coluna como cada participante e sua equipe estão em relação ao pertencimento e engajamento. Na segunda coluna, solicitou para colocar como gostaria que fosse. Extremamente concentrados no preenchimento das colunas, foi inevitável o surgimento de um novo silêncio, mas esse agora de uma forma diferente, energizante e empolgante apenas pelas reflexões e o entendimento de que cada um poderia mudar o nível de motivação e fidelização da sua equipe.

Novamente o sino badalou, e a sala, ainda em silêncio, recebeu a bela Adriana, um pouco atrapalhada com muitos tacos que estava carregando em uma bolsa presa a um carrinho de duas rodas. Esses, porém, diferentes do primeiro taco, mais compridos, com a cabeça de ferro em outro formato, mas reluzentes pelo brilho do aço e limpeza. A assessora colocou, estrategicamente, a bolsa com os tacos na saída da sala, com o convite para que todos escolhessem o seu taco e não se esquecessem da sua bolinha ao sair da sala.

O facilitador conferiu, com seu criterioso olhar, se todos estavam com o seu taco na mão, e tendo certeza disso, disse:

— Senhores e senhora, vamos sair da individualidade e adentrar na colaboração do trabalho em equipe. Peço que escolham um participante para formar "dupla de dois", com um leve e irônico sorriso nos lábios, porque dupla só pode ser com duas pessoas.

Mesmo antes de o facilitador terminar a frase, Anderson andou rapidamente para o lado do Marcio e, sem falar nada, apenas olhando para ele, formaram a primeira dupla a espera das instruções. O Renato, observando o movimento, entendeu que seria interessante e de bom aprendizado a formação da dupla Marcio e Anderson. Ao chegar ao local planejado, passou as seguintes instruções:

— Estamos no *tee* do buraco 1. Nosso ponto de partida demarcado pelos dois nós de pinho pintados de amarelo. O objetivo da dupla é embocar a bola no buraco, exatamente abaixo da bandeira amarela que todos estão vendo a 468 jardas de distância a nossa frente, com o menor número de tacadas possíveis. As regras são:

- A bolinha só pode ser tocada por um jogador, somente para colocá-la no chão do *tee* de partida e para pegá-la dentro do buraco.

- O único recurso para atingir o objetivo será o taco que vocês receberam.

- A dupla terá direito a tacadas alternativas, ou seja, vocês deverão escolher quem irá dar a primeira tacada, para a tacada seguinte ser do seu parceiro, assim revezando-se até chagar ao buraco.

Alguma dúvida? Está valendo!

Como não houve perguntas, Renato afastou-se, juntamente com sua assessora, e ficou observando os acontecimentos. As duplas se formaram rapidamente, quando se deram conta que não havia um ordenamento para o início, ficando uns olhando para os outros, o Marcio enxergou a oportunidade de demonstrar sua liderança, e conquistar a confiança do grupo, abordando-o:

— Pessoal! Acredito que todos estão acordados com suas duplas, mas temos de ter algum critério para definir qual a ordem de saída. Se vocês me permitirem, sugiro que seja por tempo de casa. Aquela dupla que somar o maior número de anos atuando na empresa inicia, e assim por diante!

As pessoas se olharam e aceitaram de pronto a sugestão, fazendo as contas com os seus parceiros, quando o Anderson praticamente gritou:

— Marcio, Marcio... Provavelmente você não se deu conta disso, mas nós seremos os primeiros. Conheço praticamente todos que estão aqui, e a nossa soma será, com certeza, a maior de todas. Deixa comigo, antes de vir para o *workshop*, eu peguei algumas dicas com um amigo que joga golfe há mais de cinco anos, o Jefferson, até acho que você o conhece!

Ficou evidente, na expressão do Marcio, que o tiro saiu pela culatra. Sua estratégia seguiria a mesma da atividade anterior, mas como não havia outro jeito, concordou com o Anderson e pediu para ele bater primeiro. O Anderson se preparou diante da bola de forma interessante, segurou o taco com um *grip* relativamente correto, e fez um *swing* de treino que parecia que acertaria na bola e daria uma boa tacada, mas o resultado foi desastroso; ele acelerou a subida do taco e ao descê-lo com violência simplesmente errou a bolinha, e se desequilibrando, saiu cambaleando de lado até conseguir ficar parado, com o rosto irrigado de sangue de tanta vergonha. Nesse instante, o facilitador disse:

— O que acabou de acontecer é normal para quem nunca deu uma tacada de golfe. Infelizmente, tenho de informar que no golfe, quando o jogador faz o movimento da tacada e erra a bolinha, é considerado tacada executada. Sendo assim, essa dupla, mesmo não tirando a bola do lugar, acaba de contar uma tacada.

O Marcio ficou desnorteado, sem saber o que fazer, e era a vez de ele jogar! Ele não queria perder o *status* de bom líder que havia conseguido minutos atrás, fazendo a mesma bobagem que o seu parceiro acabara de fazer. Com total insegurança perguntou:

— Professor Renato, se entendi bem, nós iremos sair em duas duplas, certo? Poderia pedir para a próxima dupla bater antes?

Renato com sua serenidade informou:
— Tudo é uma questão de negociação!

Quando o Baldi, gerente de TI, tomou a frente e se preparou para bater a bola. Sem muita conversa chegou e bateu. Para a surpresa de todos, a bola saiu em disparada, andando mais de 100 jardas. Quase que como um coral de igreja, Baldi escutou:

— Não é possível, você sabe jogar golfe Baldi, e não falou nada!

— Não, não... Disse o Baldi, isso só pode ter sido um golpe de sorte. Acho que isso nunca mais irá acontecer na minha vida!

Marcio, vendo tudo aquilo acontecer, e não acreditando, teve a certeza de que tudo havia ficado pior do que antes. E se perguntava mentalmente o que fazer? Mas sua mente não lhe respondia, o vazio permanecia e ele não tinha mais alternativa, a não ser bater na bola. Foi quando o Marcio pegou o taco, como se fosse uma raquete de tênis, afastou as pernas como um goleiro preparado para um pênalti, e olhou para a bola como se estivesse diante de uma bomba prestes a explodir; respirou fundo e fez o movimento completamente rígido, ao descer o taco sentiu um bom impacto e logo olhou para frente na tentativa de enxergar aonde sua bolinha havia ido.

Nesse momento, escutou os risos incontidos de toda turma. Ainda sem saber o que havia ocorrido, veio uma voz do fundo da turma, sem conseguir identificar falando:

— Olhe para baixo, Marcio. Veja o que aconteceu!

Ao atender a orientação da voz não identificada, viu o seu tacado cravado na grama, e ali permanecia sua bola, exatamente no mesmo lugar, sem mexer um milímetro sequer. Como um momento da verdade, surgiu o comentário:

— A dupla Anderson e Renato está somando duas tacadas, vamos seguir a sequência das duplas, recomendou o facilitador!

Assim, na ordem de tempo de casa, todos bateram sua bolinha, com diversos acontecimentos, até mesmo um deles, e não sei como, conseguiu bater a bola para trás da marca! Durante o infindável trajeto do buraco 1, a dupla Marcio e Anderson conversava incessantemente, mas não dava para ouvir do que se tratava. O professor percebeu que Anderson, de alguma forma, estava passando orientação para Marcio, e ele, humildemente, aceitando-as, resultando em uma melhora significativa, ficando a dupla em terceiro lugar com 17 tacadas.

Quando todos terminaram a atividade, via-se nitidamente o sentimento de decepção no ar, a conclusão de incompetência e quase desistência de todos. Nesse momento, como um resgate emocional, Renato, com sua voz firme e forte, comentou:

— Senhores, quero parabenizar a todos, creio que de todas as turmas que ministramos esse *workshop*, vocês foram os mais eficazes! Ainda com os suspiros de alívio no ar, o facilitador pediu:

— Por favor, dirijam-se ao deque na sede do clube. Lá, estará um bem preparado e servido *coffee break* de campeão, no comando da nossa assessora Adriana, que os conduzirá a sala de treinamento em 15 minutos para o processamento dessa atividade.

O intervalo foi muito barulhento. Todos queriam contar suas proezas do buraco 1, algumas infelizes, que geraram boas risadas e outras surpreendentes, quase inacreditáveis, quando, no meio do cruzamento de falas e vozes, escutou-se ao longe o som do sino, que aumentava gradativamente, não pelo badalar mais forte, mas sim pela diminuição crescente das conversas, até que todos puderam escutar a voz da deusa gaúcha pedindo para que os participantes retornassem à sala, deixando os tacos na bolsa que estava na entrada da sala.

Antes mesmo de todos sentarem, Renato fez sua emocionada declaração.

— Lembro-me do primeiro dia em que tive o contato com o golfe! Pena que isso ocorreu somente nos meus vividos 47 anos de idade. Quando tentei dar as minhas primeiras tacadas, foi algo desmotivador, fiquei com a impressão de que o golfe não era para mim, tampouco acreditei que teria paciência para ficar jogando quatro horas seguidas, tentando embocar 18 buracos com tacos diferentes. Grande engano, a cada dia que passava, ficava mais apaixonado pelo esporte, sem me dar conta do que me fazia voltar na semana seguinte; até que um dia, no buraco 19, isso quer dizer o fim do jogo na sede, tomando uma cuba e contando minhas jogadas, quando Ueno, um experiente jogador japonês, comentou que, o que faz a gente voltar são as coisas boas e ruins do golfe. Um dia você acerta tacadas incríveis e quer voltar para ver se consegue continuar acertando mais tacadas felizes, ou quando você erra muito, quer voltar para ver se consegue superar as tacadas infelizes, como um ato de superação.

Os olhos e a expressão de alegria do Renato reluziam na sala pela paixão ao esporte. Via-se os participantes balançando a cabeça como sinal de entendimento e aprovação do sentimento relatado, quando Renato, com um corte brusco na sua comunicação, como que necessário para abandonar sua emoção, deu seguimento aos trabalhos, solicitando:

— Senhores, lembram-se do formulário que preencheram com a atividade no *puttergreen*? Usaremos o mesmo, dessa vez pela dupla em continuidade ao trabalho em equipe, apontando as observações, percepções e reflexão dos acontecimentos no campo e, paralelamente, as analogias das coisas que acontecem na sua organização e departamento. Fico a disposição de todos!

Não poderia ser diferente, Andersom com seu jeito de ser, puxou a cadeira do Marcio para um canto mais afastado, para haver mais intimidade na conversa, e começou a falar e escrever ao mesmo tempo, quase nem dando oportunidade para o parceiro colocar suas percepções. Educadamente, Marcio escutou e esperou a ansiedade do Anderson baixar, absorvendo todos os aprendizados colocados e fazendo uma excelente reflexão sobre si, relembrando sua avaliação de desempenho e os apontamentos do seu superintendente, conseguindo, finalmente, que fosse colocado no papel os seus comentários e conclusões para ser apresentado em seguida, isso porque o facilitador anunciou que faltavam apenas dois minutos para o término da atividade, quando o Anderson disse:

— Marcio, o nosso trabalho está muito bom. Vamos ser os primeiros a apresentar?

— Quem sabe, deixamos dessa vez, outra dupla iniciar, assim aprendemos com eles. Acredito que apareçam outros pontos de vista complementares aos nossos apontamentos. O que você acha? Disse Marcio com tom de sabedoria.

— Muito bom Marcio, não havia pensado dessa maneira. Sei que sou ansioso, aliás estou aqui por esse motivo. Que bom, de certa forma você está me ajudando a equilibrar esse meu jeitão, que às vezes atrapalha na minha *performance* profissional.

Marcio percebeu que esse *workshop* não era tão ruim assim. Concluiu que poderia ser muito útil para ele, e que também poderia ajudar o seu colega em seus pontos de melhoria, quando a dupla do Baldi e Carlos, que carinhosamente o chamavam de Carlinhos, apresentou suas observações como última dupla. Renato, que escrevia tudo que conseguia em seu i-Pad, fez o seguinte resumo:

— Excelente, senhores! Vejo que o aprendizado baseado na *Maiêutica Socrática*, que tem como significado "Dar a luz", por meio de perguntas e respostas, facilitou o autoconhecimento e diversas reflexões do nosso cotidiano corporativo. Conjuntamente com o aprendizado da atividade anterior, vamos revisar os pontos chaves explicitados até o momento:

- *Desafios* – as pessoas se movem quando são desafiadas ou quando encontram uma causa e significado para fazer.
- *Foco* – ter um objetivo em mente e disciplina para não desviar do caminho.
- *Recursos* – conhecer, treinar e saber usar os recursos pode ser um diferencial para o resultado final.
- *Trabalho em equipe* – a diferença entre um grupo e uma equipe está quando as pessoas têm um objetivo comum e estão engajadas para atingi-lo. Na nossa vivência, o objetivo comum foi embocar a bola no buraco 1, com o menor número de tacadas. Praticamente todas as duplas, principalmente a do Marcio e Anderson, trocaram informações, experiências, tomadas de decisões em conjunto, com orientações múltiplas, em um verdadeiro trabalho em equipe. A motivação e o sentimento de pertencimento são fundamentais para o sucesso do trabalho em equipe.
- *Erros e acertos* – está inserida na geração "Y" a atitude natural de errar e acertar sem preocupações. É uma geração que não tem medo de arriscar e tentar, como muitos de nós que nem sequer arriscava a mexer no vídeo cassete sem ler o manual antes. Hoje, boa parte dos profissionais que os se-

nhores vão lidar são dessa geração que, ao receber um sistema novo, não têm paciência de ler os tutoriais, as janelas de ajuda ou os *helps*; simplesmente começam a usar o sistema e se der algo errado "resetam" e começam novamente, exatamente como fazem no videogame. Na nossa última vivência, todos foram forçados a utilizar esse paradigma, experimentando um pouco de como a sua equipe da geração "Y" trabalha no seu dia a dia, dando-lhes uma boa noção de como poderiam ser liderados para alcançarem maiores e melhores resultados.

- *Aprendizagem contínua* – observamos que muitos de vocês, se esforçaram ao máximo para cumprir o objetivo, mas sentiram muitas dificuldades na execução. Lembro a todos que, propositadamente, vocês não tiveram o aprendizado condizente com o objetivo de embocar com menos tacadas o buraco 1. Se pensarmos bem sobre isso, a pergunta que faço é: por que os senhores estão nesse *workshop*? Todos vocês apresentaram necessidades de novos e/ou reciclagem de aprendizados, apontados na sua avaliação de desempenho com o seu superior.

Nesse instante, Marcio balbuciou um "Ahhhhh"! Imaginando que isso havia ocorrido somente em sua mente, mas sem perceber, fez a exclamação em alto e bom tom para toda a sala ouvir, quando o professor perguntou:

— Marcio, você gostaria de falar alguma coisa sobre esse tema?

Meio sem jeito, se dando conta de que sua indagação fora além da sua voz interior, Marcio respondeu:

— Não Renato! Apenas uma autoanálise que fiz, e que servirá para os próximos dias junto à minha equipe.

Minha percepção, disse o professor, é que vocês gostaram da experiência da nossa última atividade. Estou certo? Todos balançaram a cabeça positivamente.

— Bem, turma! Após esse longo processamento e vigoroso debate, gostaria que, individualmente, trabalhássemos no formulário que nominei de *"Práticas para a Segunda-feira"*, colocando na primeira coluna como você e sua equipe estão hoje em relação aos temas processados até o momento, e na segunda coluna como gostaria que fosse a partir de segunda-feira. Teremos 15 minutos para isso!

Marcio pegou rapidamente o formulário, e parecendo empolgado com as ideias que borbulhavam em sua mente começou a escrever.

Práticas para a Segunda-feira		
Fatores	**Como está hoje**	**Como deseja na segunda-feira**
Desafios	Meu superior me passou diversos desafios, mas não estou desdobrando-os e especificando-os para os membros da minha equipe.	Fazer o desdobramento e desafiar individualmente os colaboradores, negociando e acordando os resultados e prazos, com registro escrito para acompanhamento periódico.
Foco	Há clareza do foco que a empresa e o meu departamento tem acordado com a superintendência, mas não fiz o planejamento e a comunicação correta para a equipe, por isso percebo algumas pessoas perdidas e me perguntando o que devem fazer.	Convocarei uma reunião para apresentar todo planejamento à equipe, como também, os resultados alcançados até o momento, e vou negociar como será o acompanhamento de cada objetivo a partir desse mês.

Recursos	Tenho executado a avaliação de desempenho da minha equipe, mais como uma obrigação ao RH, do que usá-lo como uma ferramenta de gestão. Dificilmente, indico alguém da minha equipe para participar dos *workshops* oferecidos pela empresa.	Faltam apenas seis meses para a nova avaliação, irei aguardar esse tempo e fazer de forma correta, para, no final, identificar as necessidades de recursos e capacitação que cada colaborador da equipe necessita para melhorar seu desempenho.
Trabalho em Equipe	Procuro trabalhar em equipe, peço sugestões para a equipe, tomo decisões em conjunto envolvendo-os no processo, e estou sempre a disposição com a prática de portas abertas.	Continuar com essas atitudes e buscar auxílio do RH para desenvolver um trabalho específico para a minha equipe de acordo com as necessidades apontadas na avaliação de desempenho.
Erros/Acertos	Não sou do tipo de arriscar, gosto de ter certeza de tudo que faço para não cometer erros; é da minha natureza, possivelmente oriunda das gerações anteriores, mas sei que mais de 75% dos meus colaboradores são da geração "Y". É necessário fazer alguma coisa que não sei bem o que.	Conversar com o Paulo Schmitt gerente de RH, para ver o que ele tem de literatura sobre essa nova geração e o que ele me recomenda.
Aprendizagem Contínua	Com tantos cursos que fiz e a experiência que tenho, achei que detinha um bom manancial de capacitação, mas estou percebendo que nem tudo que sei está atualizado, mas ainda não estou convencido de que jogando golfe posso aprender muita coisa.	Após esse *workshop* farei uma análise criteriosa sobre o aprendizado, e ver como vou fazer para melhorar os meus pontos fracos e fortalecer meus pontos fortes apontados na avaliação de desempenho.

Como todos os participantes, Marcio estava entretido, absorvido e completamente concentrado na tarefa, quando o sino soou de forma delicada e, ao levantar a cabeça, sentiu o cheirinho de peixe no ar, se dando conta de que chegara a hora do almoço, com a sensação que poderia escrever muito mais coisas, mas o tempo passara rapidamente na parte da manhã. Toda vez que o sino batia, a presença e a suave fala da Adriana surgiam, e não foi diferente dessa vez, quando anunciou o serviço de almoço, detalhando o cardápio para todos os gostos, as bebidas e as sobremesas, indicando firmemente o horário de retorno.

Enquanto alguns participantes passeavam no meio das árvores, após o almoço, outros se espreguiçando nos enormes sofás da sala de TV do clube, ouviu-se uma estridente sirene, que chamou a atenção de todos para fora da sede, atendendo à intenção do facilitador, uma vez que o próximo passo do *workshop* seria no *driving range* (local de aquecimento e treino dos golfistas). Lá estavam dez pessoas diferentes, vestidas com camiseta polo, calça social; uns de bonés e outros de chapéu; sapatos com cravos no solado e somente uma luva branca em uma das mãos. Prorrompendo a estranheza das novidades, escuta-se ao longe a solicitação do facilitador para todos irem ao seu encontro.

— Senhores, quero apresentar os seus *coaches* (treinadores) de golfe. No range 1, Sr. Zatti, o melhor jogador do clube; no 2, Dr. Rubem; no 3, Dr. Ricardo; no 4, professor Diego; no 5, professor Tiago, como podem ver irmãos gêmeos. No range 6, Stephan Kunz, nossa esperança de jogador profissional; no 7, Thomas Nelz com dois *hole-in-one* (quando emboca com apenas uma tacada); no 8, Cristina, que jogou profissionalmente nos Estados Unidos; no 9, o Marino, quem construiu esse campo e treinou muitos dos nossos jogadores; no 10, nosso amigo Baumgarten, ex-presidente da Federação de Golfe do RS; no 11, Dr. Álvaro, e no 12, nossa assessora e jogadora de golfe, Adriana.

— Peço que vocês escolham seu *coach* para receberem a sua primeira aula de golfe e utilizarem melhor os recursos disponíveis. Informo que não será fácil, porque são movimentos que vocês nunca fizeram, e serão muitas informações ao mesmo tempo. A superação desse desafio de aprendizagem será fundamental para sua alta *performance*. Fiquem à vontade e boa aula!

Entre risadas e desesperos, foi um verdadeiro espetáculo assistir todos tentando bater a bola para uma distância razoável. As bolinhas se cruzavam no ar e a grande maioria no chão; os tacos por pouco não se colidiam, os professores, por precaução, ficavam a distância para evitar uma bolinha perdida ou uma tacada nas pernas. Assim se passaram uma hora e meia, onde a meta era ensiná-los a segurar corretamente o taco, fazer o movimento para trás e para frente, e o maior desafio de todos, era nunca tirar o olho da bolinha durante todo *swing*.

Quase todos os participantes levaram a aula a sério, mas tinha um deles que estava determinado a realmente aprender, muito concentrado, fazendo várias perguntas e seguindo rigorosamente as instruções, e ele estava com a melhor *coach* da equipe, Cristina, que gostava de ser chamada de Cris. Entre todos os *coach´s*, a Cris era detentora de muita técnica; joga golfe desde os seus oito anos de idade, e foi para fora do país para capacitar-se e representar o Brasil em diversas competições mundiais.

Novamente a sirene tocou, dessa vez para encerrar o treino técnico e prático, com a orientação do Renato para se refazerem e refrescarem no vestiário. O sol estava escaldante, e mesmo com a proteção do boné estavam suados e ligeiramente cansados. Estrategicamente, o facilitador esperou Marcio passar e lhe disse:

— Você gostou da aula com a Cris? Percebi que você levou a sério as instruções para aprender a técnica, parabéns! Você deve ter percebido pelas minhas colocações que todos participantes desse *workshop* necessitam aprender coisas diferentes para melhorar a sua liderança, e na sua avaliação está a necessidade de melhorias no campo da inteligência emocional, certo?

— Sim Renato, algumas vezes as minhas tomadas de decisões são influenciadas pelos aspectos emocionais. Sou amigo de quase todos da equipe, é complicado magoá-los!

— Entendo perfeitamente essa sua atitude, e é louvável, demonstra o seu bom caráter, mas, em liderança, dados e fatos são fontes de tomada de decisão, você deve entender que a empresa lhe contratou para dar resultados, e é perfeitamente possível conciliar o lado emocional com o racional. Posso tomar um pouco do seu tempo de descanso?

— Claro que sim, professor! Confesso que vim para o treinamento um pouco cético, mas estou convencido agora de que posso tirar proveito das coisas que estamos falando aqui!

— Ótimo, Marcio. Fico contente! Está comprovado que no mundo corporativo a inteligência emocional é um instrumento chave para o sucesso. A capacidade do líder de se controlar em situações adversas e cruciais para o resultado, pode ser um enorme diferencial. Vou exemplificar o que quero lhe dizer pelo golfe, veja bem:

- No golfe, enfrentamos emoções negativas e positivas. Uma tacada errada nos tira do sério, e uma excelente nos empolga demasiadamente, e as duas situações podem comprometer o resultado!

- Quando um golfista começa a pensar que é um super homem depois de duas maravilhosas tacadas seguidas, é comum ele, na próxima tacada, tomar a decisão de experimentar uma tacada que possivelmente nem o Tiger Woods tentaria! O ideal é ficar em uma zona controlada onde o moral baixo nunca é baixo demais e o otimismo está sempre sob controle.

- O golfe, como na vida pessoal e profissional, nos mostra que uma tacada ruim que você acaba de fazer não tem volta, está terminada, deve ser esquecida e arquivada; o foco deverá estar na próxima tacada ou na necessária ação seguinte para

o resultado ser alcançado por você e sua equipe.
- A tomada de decisão inclui o controle dos aspectos emocionais. Lembro-me que quando iniciei, o Baldi, com toda sua experiência me falou: "tome sempre a decisão de errar para o lado certo". Demorei a entender, mas é muito simples. Veja bem: quando você estiver para dar uma tacada onde no lado direito está um grande rio, no meio o *green* e à esquerda uma área com grama e algumas árvores, mire para a esquerda; lá, você ainda terá chance de ir com a segunda tacada para o *green*, mas à direita dificilmente você conseguirá sair da água! Isso é uma decisão inteligente e sábia.
- Em um jogo de golfe uma boa pergunta a fazer é: "quantas tacadas ruins você executou e quantas decisões ruins você tomou?". Isso implica em quantas decisões erradas você tomou, escolhendo o taco errado; batendo em um vão pequeno entre as árvores, ao invés de sair para o lado no *fairway* (região no centro do campo, entre o *tee* e o *green*)! Seria mais fácil melhorar o *swing* ou tomar decisões melhores? Com certeza, seria melhorar as decisões: imagine que você melhore em 50% suas decisões em campo, o que isso significaria na pontuação final!
- Antecede a uma tomada de decisão o planejamento, fundamental para um bom resultado; no golfe a estratégia planejada é muito importante, são muitas variáveis como o vento, a umidade do ar, a grama mais alta ou baixa, para onde será melhor errar, entre outras, para decidir em poucos segundos. Quando se executa um bom planejamento, consequentemente as escolhas são mais acertadas. Boas decisões são iguais a boas pontuações. Pense sobre isso no seu dia a dia na organização!

Marcio ficou com o olhar de reflexão, se dando conta que os colegas já estavam retornando à sala de treinamento e ele correu para o banheiro, lavou o rosto e debruçou-se sobre seu formulário das Práticas para a segunda-feira, e acrescentou mais duas ações:

Práticas para a Segunda-feira		
Fatores	Como está hoje	Como deseja na segunda-feira
Inteligência Emocional	Ocorrem algumas instabilidades emocionais, pela amizade com a equipe, deixando o racional em segundo plano algumas vezes.	A cada assunto tratado, deverá ser avaliada a carga emocional embutida juntamente com os fatos reais, buscando o equilíbrio de forma pensada, planejada e estratégica.
Tomada de Decisão	As avaliações para a tomada de decisão são superficiais, uso demasiadamente o instinto e a confiança nas experiências anteriores, sem avaliar todas as variáveis.	Colocar no papel as vantagens e desvantagens das alternativas de ação, para equilibrar o planejamento, o emocional e a decisão a ser tomada.

Sem perceber o que estava sendo falado pelo facilitador, enquanto fazia seus dois novos apontamentos no formulário, Marcio viu todos se levantarem para sair da sala e na porta pegando os últimos três tacos que Adriana estava distribuindo, com o Renato do lado de fora iniciando suas orientações da próxima atividade:

— Bem! Vocês acabaram de receber três tacos, são dois novos recursos a serem utilizados; o *putter* que todos conhecem para ser usado no *green*, o ferro 7 um pouco mais difícil de bater, e um madeira 3 para as tacadas mais longas. Mudamos o terreno também, para que sejam construídas novas estratégias e diferentes tomadas de decisões, sendo o desafio da atividade a conclusão, com as mesmas regras, no buraco 6, o mais comprido de todo o campo. Atrás do grupo, escuta-se o comentário:

— Renato! Se não fosse horário de verão acho que iríamos terminar esse buraco no escuro, disse o Anderson, como uma brincadeira que todos riram, mas ao mesmo tempo colocando uma certa tensão no ar.

— Continuando, Anderson (também rindo da brincadeira), tenho mais algumas informações. Essa atividade será individual, acreditando que com os ensinamentos dos seus *coach´s*, conseguiremos melhores resultados, sendo o objetivo o mesmo de sempre, embocar a bola no buraco com o menor número de tacadas, mas, dessa vez, não poderá ser superior às 12 tacadas! Vocês terão cinco minutos para a montagem do planejamento e estratégias! Disse Renato com o tom desafiador.

O Marcio enxergou o Anderson no outro lado da turma conversando com outro colega, e rapidamente percebeu que não teria a ansiedade dele para ajudar ou atrapalhar, e era o momento de aplicar os ensinamentos, principalmente os que o Renato lhe deu particularmente. Pegou um papel, que estava no seu bolso, com a anotação do telefone do Anselmo, gestor da unidade produtiva que gostaria de conversar e obter mais informações sobre os produtos que sua divisão comercializava, pensando em novos negócios e alianças estratégicas.

No verso do cartão, anotou informações, fatos e dados como: a distância do buraco, qual o movimento que ele mais acertou no range, qual o taco que ele sentiu mais confiança e, olhando para o campo, escreveu qual seria o melhor lado para errar. Com base na tacadas conquistadas no treinamento, colocou-se a meta desafiadora de embocar em 8 tacadas.

Como de costume, Marcio ficou para bater um pouco mais para o final da turma, assim poderia acrescentar mais itens em seu planejamento. O que realmente acabou acontecendo, agregou qual seria a sequência das tacadas e com quais tacos.

Chegou o grande momento, a vez de Marcio bater, após inúmeras tacadas horríveis dos seus colegas de curso.

Anderson, com sua impaciência, foi o primeiro a bater novamente, até parecia um jogo do exército. Era uma tacada para a direita outra para a esquerda e muitas sem sair do lugar. Com a testa franzida, olhar fixo no ponto de mira, respiração ofegante, Marcio se posicionou diante da bola com a madeira 3, e se preocupou com um único e importante item: o de não tirar o olho da bola.

Fez apenas meio movimento, com os ombros relaxados e confiantes, quando escutou um estridente barulho vindo do taco, tão forte que antes de olhar o que tinha acontecido com a bolinha, olhou para os seus colegas e não entendeu o porquê de todos estarem olhando para cima e de boca aberta; tomou coragem e olhou para o chão para ver se a bola havia saído do lugar, que por algum motivo ali não estava. Sobrou apenas ver o que tinha acontecido à sua frente, em direção ao ponto de mira, que era uma árvore mais a esquerda do campo, com bastante espaço para o erro.

Não vendo nenhuma bolinha naquela direção, imaginou que iria passar vergonha novamente, mas sem saber de onde surgiu viu um ponto branco cair do céu exatamente no lugar que planejou jogar. Sem ter a certeza, esperou um pouco mais para perguntar a alguém sobre sua bola, mas não foi necessário, os aplausos foram muitos e os tapinhas nas costas, outros mais. Foi a tacada mais longa de todos, atingiu aproximadamente 180 jardas. Conteve-se em festejar, lembrando-se de que todo jogador deve ter humildade porque nunca se sabe como será a próxima tacada.

As demais tacadas não foram no mesmo nível da madeira, entrando no *green* com sua sétima tacada, a uma distância considerável de 5 metros do buraco, dando-se conta de que para atingir a sua meta de oito tacadas, teria de acertar o buraco com apenas uma tacada.

Marcio já estava se consolando com a impossibilidade de atingir a sua meta, justificando-se que, de qualquer maneira, realizara razoavelmente bem o seu planejamento. Chegou a sua hora de bater com o *putter* rumo ao buraco, mas lembrando da análise das variáveis, olhou para o *green* tentando entender a sua caída, ficando com muitas dúvidas para que lado jogar. Lembrou-se de que o seu colega anterior havia batido uns três metros atrás e que a bola dele caiu para a direita. Com essa informação e um pouco da sua intuição, mirou à esquerda do buraco, fez um movimento de treino olhando fixo para a bolinha e bateu.

A notícia que o Marcio estava no *green* com apenas sete tacadas e sua meta para embocar eram oito, espalhou-se como um raio, e boa parte dos colegas vieram ver a sua tacada, em silêncio para não atrapalhar a concentração do Marcio. Nesse instante ouve-se um pequeno barulho do impacto do *putter* na bolinha, saindo com pouca velocidade, dando a impressão de que nem chegaria perto do buraco, quando a bolinha conseguiu chegar à ponta do morrinho fazendo uma curva acentuada para a direita, aumentando gradativamente a sua velocidade, devido a decida que o *green* oferecia em direção ao buraco.

Os participantes não acreditavam no que estavam vendo, o professor Renato tão pouco; Adriana, sem perceber, gritou de fora do *green*:

— Vai embocar!

Quando ela terminou de gritar, a bola parou a um milímetro no meio do buraco. Pareceu que o mundo havia brincado de estátua, todos ficaram parados para ver se alguma coisa faria a bola entrar. Ao se darem conta de que a jogada fora maravilhosa, todos foram cumprimentar o Marcio pelo seu feito. Com nove tacadas, foi o melhor jogador de toda turma. Anderson, eufórico, não parava de falar e de gesticular, homenageando o feito do seu amigo e parceiro de atividade.

Quase sendo carregado no colo pelos colegas, Marcio foi para a sede, atendendo à solicitação da sirene, convidando-nos para o *coffee* da tarde. Durante os quinze minutos do intervalo, o único assunto em pauta era a alta *performance* do Marcio, com diversas perguntas de como ele havia conseguido aquele feito, pedindo para ele contar o segredo. Após as insistências ele falou:

— Pessoal, acredito que boa parte foi um toque de sorte, mas também sei que a outra metade foi um trabalho de planejamento bem feito, treinamento dedicado, com uma execução razoável. Vamos deixar para conversar na sala, assim o professor nos ajuda a entender de forma correta e com técnica apropriada o que aconteceu, pode ser pessoal?

Dessa vez, bastou a Adriana aparecer diante da porta de entrada para todos tomarem suas posições na sala. Anderson não parava de elogiar o Marcio, deixando-o até encabulado, quando foi interrompido pelos comentários do professor:

— Parabéns Marcio, você foi o melhor de todos os jogadores. Você poderia relatar para todos nós o que fez para alcançar esse resultado?

— Com certeza! Exclamou Marcio, com voz baixa e meio sem jeito. Gostaria da sua ajuda na explicação, até porque nem eu mesmo estou entendendo o que aconteceu!

— Sem dúvida! Estou aqui pronto para contribuir e facilitar no que puder.

— Quero iniciar com uma confissão! Quando fiz a minha avaliação de desempenho com o meu superintendente, fiquei decepcionado com as notas dadas por ele, porque foram mais baixas do que as minhas na autoavaliação. E fiquei muito bravo quando, no mesmo dia, recebi a convocação para esse *workshop;* realmente acreditei que seria uma perda de tempo, que poderia usar esse período para vender mais e buscar melhores resultados para a empresa.

Para Renato, que conhecia os detalhes das necessidades de melhorias do Marcio, depois dessa declaração ficou definitivamente claro que ele havia entendido o *workshop* como uma oportunidade, e que poderia construir novos paradigmas para o seu estilo de liderança, colhendo bons resultados para todos envolvidos. A rodada de processamento foi novamente rica em detalhes e grandeza no aprendizado, com muitas contribuições de todos participantes, em especial do Marcio e do Anderson.

Seguindo a metodologia do curso, com os apontamentos digitados no equipamento do facilitador, a turma foi dividida em três grupos de quatro participantes, com a orientação de desenvolverem um resumo dos novos temas abordados na vivência do buraco 6. Para essa tarefa, foi entregue uma hora que, entusiasmadamente todos iniciaram.

Em paralelo, o professor e a sua assessora listaram os possíveis temas ligados aos aspectos técnicos e comportamentais do líder e sua gestão, resultando as seguintes observações:

- **Os temas já trabalhados:** Desafios, Foco, Recursos, Trabalho em Equipe, Erros e Acertos, Aprendizagem Contínua, Inteligência Emocional e Tomada de Decisão.

- **Os novos temas em grandes blocos:** Confiança, Planejamento, Competência, Execução, Disciplina, Autoconhecimento, Humildade, Hábitos, Eficácia e Grandeza.

Com os grupos trabalhando intensamente, a sala completamente cheia de argumentos, apontamentos, debates, observações, comparações e reflexões, o professor soa o sino para iniciar as apresentações, na expectativa de que, ao final, todos os temas da sua lista seriam abordados. As apresentações foram entusiasmadas, cativantes, energizantes e com profundidade, evidenciando a interiorização dos aprendizados e a convicção de quase todos que, a prática do conteúdo deveria ser aplicada com prioridade no seu setor e equipe.

Novamente e agilmente, enquanto as apresentações ocorriam, Renato digitava em seu i-Pad tudo que podia captar na fala dos participantes. Como havia se preparado para os temas em bloco, facilitou a construção do seu resumo, que no final do curso se transformou em uma apostila de consulta para os participantes. O facilitador iniciou o seu resumo com o tema confiança, fazendo as seguintes colocações:

— Gostaria de iniciar com o tema confiança. Gosto muito e recomendo a vocês a leitura do livro *O Poder da Confiança*, de Stephen M. R. Covey. A base de sua contextualização está em primeiro desmistificar alguns conceitos da confiança. Muita gente utiliza a máxima de "ou você confia ou não confia na pessoa", não existe meio termo. Mas existe a confiança inteligente, que é a função de dois fatores: propensão para confiar e analisar. O primeiro fator está na propensão, na inclinação e na predisposição para confiar nas pessoas. O segundo fator, a análise, está vinculado ao raciocínio e a habilidade de analisar, ponderar e avaliar as possibilidades e implicações para chegar a uma conclusão, discernimento e decisão de confiar ou confiar com limites.

O mais importante para confiar inteligentemente é saber diagnosticar a situação, a intenção e o caráter da pessoa. Existem 13 comportamentos que geram confiança nos relacionamentos que são: *Fale francamente; Demonstre respeito; Crie transparência; Corrija os erros; Seja leal; Produza resultados; Aperfeiçoe-se; Enfrente a realidade; Esclareça as expectativas; Pratique a responsabilidade; Escute ativamente; Cumpra as promessas; Confie em si.*

Sugiro a vocês pensarem sobre esses 13 comportamentos e colocá-los em suas Práticas para Segunda-feira. A confiança é desenvolvida em quatro dimensões: *caráter, integridade, intenção, capacitação e resultado*, que podem ser ilustradas por uma árvore. Pense que o *caráter* e a *integridade* são invisíveis, encontram-se abaixo do solo e na raiz da árvore, onde tudo se fortalece e cresce. A *intenção* é muitas vezes visível, está no pé do tronco da árvore, logo acima do solo, formando a robustez do caráter. As *capacitações* são os galhos, que se ramificam na busca do conhecimento e sabedoria. Os *resultados* são os frutos, o produto visível do florescimento, de fácil mensuração e avaliação, formatando a *competência* de uma pessoa.

Vocês podem imaginar o relacionamento de confiança como uma conta bancária. Uma conta com depósitos e saques, que fica com saldo positivo ou negativo de acordo com as movimentações comportamentais nos seus relacionamentos pessoais, profissionais e familiares. Toda vez que você, como líder, deixar criar um ambiente envenenado com fofocas, formação de grupos, politicagem, burocracia, tomada de decisão demorada e estruturas desnecessárias, você estará fazendo um saque em sua conta de confiança.

Você pode proporcionar muitos depósitos como: criar um local de trabalho saudável com foco e objetivos claros; ter uma comunicação respeitosa, transparente, honesta e ágil; praticar o reconhecimento pelo resultado sem politicagem e apadrinhamentos; incentivar o trabalho e a execução colaborativa em equipe; aceitar o erro como aprendizado; buscar a relação ganha-ganha com empregados e *stakeholders*; utilizar sistemas e estruturas enxutas e alinhadas; se dispor a relacionamentos abertos, cooperativos e vitalizadores; permitir a criatividade e inovação, você estará construindo um ambiente de confiança, de comprometimento e de lealdade com as pessoas com quem se relaciona.

Enquanto o professor dizia que a confiança é o principal comportamento para o golfista ter sucesso em suas tacadas, observou que o Marcio não parava de escrever. Curioso, começou a andar na sala até chegar a uma distância suficiente para enxergar o que ele estava fazendo. Para sua alegria, ele estava preenchendo as suas Práticas para Segunda-feira, extremamente comprometido e com um ar de determinação muito diferente do início do curso. Voltando-se para o grupo, Renato discorreu o seu segundo apontamento:

— Pessoal, um detalhe curioso no golfe é que quanto menos força você aplicar na sua tacada, mais distante a bola será arremessada. Nesse caso "menos é mais". Para conseguir o *swing* perfeito, o golfista deve buscar a excelência em todos os fundamentos. Analiso, constantemente, os resultados da pesquisa desenvolvida pelo professor Jim

Collins, em seu livro Empresas feitas para vencer. Uma prática da maioria das empresas é se concentrar somente no "que fazer" para serem excelentes, mas negligenciam no "o que não fazer", e no que deveriam "parar de fazer".

Vou citar apenas algumas dessas conclusões para reflexão de vocês:

- A excelência não é uma função de circunstâncias, é um processo de construção em uma cultura de disciplina.

- O líder deve colocar a pessoa certa no barco, tirar as pessoas erradas dele, posicionando as pessoas certas no lugar certo com o pensamento disciplinado.

- Se há disciplina inteligente na organização, será desnecessária muita burocracia, excesso de normas e regulamentos.

- Os líderes das empresas, que alcançaram e mantiveram a excelência, têm o perfil de uma pessoa reservada, tímida e humilde. Preferem fazer acontecer atuando nos bastidores, ao invés dos holofotes e *glamour*. Collins o chama de líder nível 5 com mais algumas características como: é o catalisador na transição da empresa boa para empresa excelente; estabelece o padrão para construir uma empresa excelente e duradoura, não investe em nada menos do que isso e olha no espelho, e não na janela, na hora de atribuir responsabilidade por resultados ruins; jamais coloca a culpa em outras pessoas, fatores externos ou no azar; enxerga e enfrenta a realidade nua e crua em qualquer situação.

- Jim nos coloca três perguntas instigantes para você edificar a sua carreira para a excelência. Veja e pense a respeito:

1. Você está fazendo um trabalho para o qual você tem um talento genético ou divino? Tem a impressão de que nasceu para fazer isso e talvez você possa se tornar um dos melhores do mundo na aplicação desse talento?
2. Você está fazendo um trabalho pelo qual está apaixonado e absolutamente ama fazer e tem prazer no processo em si? Fica ansioso para levantar e mergulhar em seu trabalho, e realmente acredita no que está fazendo?
3. Você está sendo pago para fazer o que faz? Chega a pensar que está sonhando quando recebe dinheiro para fazer o que mais gosta na vida?
4. Sua equipe de pesquisa chegou à conclusão de que as pessoas certas querem de alguma forma fazer parte de uma equipe vencedora? Querem contribuir com resultados tangíveis e concretos? Querem sentir a emoção de estarem envolvidas em algo que está dando certo? Querem a oportunidade de participar das decisões? Querem ver o líder ser o exemplo e que inspire confiança a todos da organização? Você reconhece essas conclusões na sua equipe? Pense nisso!

- Lendo e relendo esses conceitos, podemos concluir que o alcance do sucesso das empresas feitas para vencer foi fruto de *humildade, simplicidade, fé e disciplina*. Como você e sua equipe estão nesses quesitos? Você tem a oportunidade de mudar os paradigmas a partir de segunda-feira!

Renato fez questão de deixar claro como construiu o seu resumo, e coloca:

— Só lembrando que o resumo que estou fazendo é fruto de todas as observações feitas por cada um de vocês, com alguns acréscimos de conteúdo e informações das minhas pesquisas. A palavra "execução" foi citada mais de cinco vezes nas apresentações, e de forma magistral complementa uma abordagem da atualidade. A cultura da execução disciplinada é o elemento-chave do sucesso nas organizações.

É importante ressaltar que há três processos-chave no centro da execução. Primeiro o processo de pessoal, segundo o processo da estratégia e o último, o processo da operação, que deverão ser cuidadosamente e constantemente acompanhados pelo líder, para conquistar melhor desempenho e resultados. Observem que os conceitos de outros autores citados coincidem com diversos pontos abordados, provando sua validade. No livro de Larry Bossidy e Ram Charan, chamado Execução: a disciplina para atingir resultados, contempla os comportamentos essenciais do líder executor: "Conheça seu pessoal e sua empresa; Insista no realismo; Estabeleça metas e prioridades claras; Conclua o que foi planejado; Recompense quem faz; Amplie as habilidades das pessoas pela orientação; Autenticidade; Autocontrole; Humildade e Conheça a si próprio".

O comportamento, a sincronização e a disciplina para a execução poderão ser o diferencial competitivo do novo século, que resumidamente são aquelas pessoas que fazem acontecer de verdade. Por isso a pergunta é: "vocês estão fazendo acontecer de verdade em sua empresa? Quais hábitos estão cultivando para conquistar realizações eficazes?"

— Por falar em hábitos, não poderia deixar de expor e relembrar *Os 7 Hábitos das Pessoas Altamente Eficazes*, escrito por Stephen R. Covey. Um dos livros sobre liderança mais vendidos no mundo. Ele reconhece a importância de: *Ser Proativo; Começar com o objetivo em mente; Trabalhar primeiro o mais importante; Pensar ganha/ganha; Procurar primeiro compreender, para depois ser compreendido; Criar sinergia e Afinar o instrumento*. De certa forma, todos esses hábitos foram comentados anteriormente, apenas gostaria de reforçar o último hábito.

Esse hábito propõe cuidados com quatro dimensões da natureza humana: *física* (cuidar do nosso corpo); *espiritual* (cuidar das nossas crenças e valores), *mental* (cuidar das capacitações e conhecimentos) e *emocional* (cuidar dos relacionamentos e interações com as pessoas). Você deve encontrar tempo para esses cuidados, assim você vai afiando os seus instrumentos, sem precisar fazer muita força e trabalhar nas coisas importantes, basta apenas criar o hábito de afiar o instrumento continuamente.

Para resumir, pense nesta sequência: Quanto mais proativo você for (Hábito 1), mais eficaz será no exercício de sua liderança pessoal (Hábito 2) e no gerenciamento de sua vida (Hábito 3). Quanto mais eficácia no gerenciamento de sua vida (Hábito 3), mais afiado será o seu instrumento (Hábito 7). Quanto mais você procurar primeiro compreender (Hábito 5), mais eficaz será na busca de soluções sinérgicas para o Ganha/ Ganha (Hábitos 4 e 6). Quanto mais você se aprimorar nos hábitos que levam à independência (Hábitos 1, 2 e 3), mais eficaz será em situações interdependentes (Hábitos 4,5 e 6). E a renovação (Hábito 7) é o processo de revitalizar todos os outros hábitos. Você pode ser uma pessoa habilidosamente eficaz em tudo e para todos! Reflita sobre isso!

Ao concluir a sua fala, Renato procurou olhar para todos os pares de olhos da sala, na tentativa de interpretar o nível de engajamento dos conceitos apresentados. Coisa de professor experiente. Seu sentimento foi de que a turma estava assimilando e fazendo conexões com o seu dia a dia. Nessa brecha, com todos fazendo anotações, Anderson quebra a concentração da sala e fala:

— Professor! Li o livro dos 7 Hábitos e sei que ainda tem o Oitavo Hábito, que coincidentemente estou na metade. Esse livro agrega a grandeza como último hábito. Acredito que seria interessante o senhor comentar um pouco sobre o assunto. O senhor não acha?

— Quero lhe agradecer, disse o facilitador. Pela primazia de terminar o *workshop* no horário, estava propenso a deixar o oitavo hábito apenas como uma recomendação de leitura, mas não posso deixar de atender ao seu pedido, Anderson. Você trouxe muitas contribuições para esse evento. Vou fazer um breve e rápido comentário sobre a grandeza.

Covey enfatiza a transformação da Era Industrial para Era do Conhecimento, e de forma emergente, estaremos entrando na Era da Sabedoria, que não mais enxerga as pessoas como objetos ou coisas, mas sim como pessoas completas e integrais, contemplando as quatro partes extraordinárias da nossa natureza: *corpo, mente, emoção e espírito*. Ele também deixa claro a nossa capacidade e liberdade de escolha, que nos permite mudar e reinventar o presente e o futuro, estando em nossas mãos a escolha da decisão e não nas mãos dos outros.

Sinteticamente, o modelo da Pessoa Integral para a liderança, pode-se conceituar os quatro principais papéis de um líder como:

- Modelar (consciência): dar um bom exemplo.
- Descobrir caminhos (visão): determinação conjunta do trajeto.
- Alinhar (disciplina): estabelecer e gerenciar sistemas para manter o rumo.
- Fortalecer (paixão): focar os talentos no resultado, não nos métodos ou então sair do caminho das pessoas e ajudá-las quando isso for solicitado.

Se vocês perceberam, a grandeza está focada na *consciência, visão disciplina e paixão* do ser humano. Esse modelo de atuação evita um velho paradigma de tratar as pessoas coisificadamente pelos líderes dinossauros. O novo líder enxerga seus colaboradores como pessoas completas que tem corpo, mente, emoção e espírito, e estão todos interligados.

De acordo com a situação a liderança deverá ser sensível e adaptável, o que chamamos de "resiliência". Não basta você, sua equipe e seu departamento serem grandes, têm de haver grandeza em tudo e para todos. Vocês compreenderam? Espero que sim!
Com um tom de missão cumprida, o facilitador complementa:
— Com a abordagem da resiliência e grandeza, encerro minha apresentação. Entregarei trinta minutos para vocês completarem suas Práticas para Segunda-feira, em seguida, uma rodada para eliminar as dúvidas e, posteriormente, partirmos para o nosso encerramento.
Como todos, inteligentemente, foram efetuando as anotações no formulário durante a explanação do facilitador, bastou quinze minutos para o término da tarefa, abrindo espaço para conversas paralelas, o que é comum e até interessante ser oferecido em um curso. Como não poderia deixar de ser diferente, Anderson aproximou-se do Marcio para trocar comentários sobre as práticas que ele havia anotado, e disse:
— Marcio! Escrevi mais de dez objetivos para segunda-feira. Estou empolgado e não vejo a hora de chegar à minha sala e iniciar o trabalho! Acabei me lembrando de um conceito muito legal do curso que fiz com o Cesar Souza que, infelizmente, não pratiquei, mas agora será diferente!
— Fiquei curioso Anderson, qual é esse conceito?
— É muito simples, ele está propondo uma ruptura no mundo corporativo, denominando-a como a "Era do NeoManagement", tendo como mantra o "Fazejamento", ou seja, os líderes competentes deverão se dedicar ao fazejamento, no mínimo na mesma proporção do planejamento, fazendo as coisas acontecerem. Recomendo a leitura desse livro! E você, gostou do curso? Conseguiu aproveitar os ensinamentos?
— Olha Anderson, nem sei o que dizer. Minha cabeça está a mil por hora, creio que fiz mais anotações do que

você. São muitas coisas para a segunda-feira, realmente não sei por onde começar!

— Amigo! Você poderia trocar uma ideia com o professor. Quem sabe ele te dá algumas dicas! Ele deve ter situações muito parecidas e saberá lhe orientar!

— Excelente ideia Anderson. Vou fazer isso mesmo! Mais uma vez agradecido por sua ajuda e amizade.

A sala, em completo burburinho, tipo escola do primeiro grau, onde quase ninguém ouvia ou percebia que o facilitador estava falando, até que Adriana percebeu a dificuldade e recorreu ao seu recurso sonoro, badalando várias vezes o sino até o completo silêncio. Com apenas um olhar, Renato agradeceu a ajuda da sua assessora e iniciou a roda de dúvidas, com várias participações e troca de informações, que foram complementares a todo conteúdo vivenciado e apresentado.

Diversas comparações com o golfe foram traduzidas para o ambiente corporativo, o que deixou Renato muito satisfeito. Para encerrar, o facilitador pediu à Adriana colocar suas palavras finais e apresentou um curto vídeo da vida e conquistas do Tiger Woods como exemplo de competência, superação, disciplina e outras características marcantes de um talento raro de campeão, reverenciado no mundo do golfe. Agradeceu a participação de todos, entregando os certificados de mão em mão, com uma despedida calorosa.

Marcio, estrategicamente, foi ficando, ficando até ser o último participante a se despedir do Renato. Ao chegar a sua vez, disse que gostaria de receber uma última orientação. Prontamente, o professor solicitou que Marcio sentasse à sua frente dizendo:

— Estou a sua disposição. Em que posso ajudá-lo? Falou com uma voz suave e demonstração de total dedicação para o que seria dito.

— Sem tomar muito o seu tempo, gostaria que o senhor olhasse o que escrevi nas minhas práticas. Minha dúvida é por onde começar, porque estou com muitas metas e todas são importantes e urgentes!

Renato pegou o formulário e faz uma leitura dinâmica sobre as metas escritas e fez dois comentários:

— Realmente Marcio, você está com bastantes itens a serem trabalhados. Por um lado, fico muito contente porque você aproveitou muito bem o *workshop*. Por outro lado, vejo que lhe exigirá algumas tomadas de decisão e muita disciplina, mas acredito que você esteja preparado para esses desafios!

Vou tentar contribuir com dois conceitos interessantes para que você consiga tomar a decisão correta. O primeiro, você deverá saber a diferença entre o que é urgente e o que é importante. Urgente é toda atividade que exige atenção imediata, deve-se parar o que está fazendo para atender a urgência. Nossa cultura, erroneamente, acredita que toda atividade que necessita de rapidez deve ser urgente, e quase sempre não se trata de algo verdadeiramente urgente.

Importante são todos os assuntos que estão vinculados ao resultado, visão, missão, valores e objetivos, que exigirão proatividade para aproveitarmos as oportunidades e fazermos as coisas acontecerem. Peter Drucker escreveu que, "as pessoas eficazes não vivem voltadas para os problemas, elas vivem voltadas para as oportunidades. Elas alimentam oportunidades e deixam os problemas morrerem de fome".

O segundo conceito nos orienta em relação à quantidade de metas a serem trabalhadas. Quando o líder trabalha de 11 a 20 metas simultaneamente, estatisticamente o resultado é zero. Quando tenta executar de 4 a 10 metas, as possibilidades são de conseguir apenas 1 ou 2. Quando ele se dedica a apenas 3 metas é quase sempre 100% de resultado.

Bem Marcio, creio que com estas informações você saberá como agir. Desejo a você muito sucesso em sua carreira, e conte comigo sempre que precisar!

Ele entendeu o recado. Na viagem de volta, traçou a sua estratégia. Na segunda-feira, a primeira ação que ele fez foi ligar para o seu superintendente, solicitando uma agenda de uma hora, até o final do dia, que prontamente ficou marcada para às 13h. Durante esse período, Marcio analisou todas as metas e decidiu como prioridade três delas, preparando-se para negociar com o seu líder.

No horário marcado, lá estava o diretor que, sem deixar o superintendente falar, entusiasmado disse:

— Chefe! Quero lhe agradecer pela oportunidade. O *workshop* foi maravilhoso, entendi muito bem as minhas necessidades de melhoria. E, por isso, estou aqui para negociar as metas de maior importância na sua e minha visão. Veja a lista que construí no curso. Entregando o formulário para o seu líder:

Práticas para a Segunda-feira

Fatores	Como está hoje	Como deseja na Segunda-feira
Desafios	Meu superior me passou diversos desafios, mas não estou desdobrando-os e colocando-os para os membros da minha equipe.	Fazer o desdobramento e desafiar individualmente os colaboradores, negociando e acordando os resultados e prazos, com registro escrito para acompanhamento periódico.
Foco	Há clareza do foco que a empresa e o meu departamento têm acordado com a superintendência, mas não fiz o planejamento e a comunicação correta para a equipe, por isso percebo algumas pessoas perdidas e me perguntando o que devem fazer.	Convocarei uma reunião para apresentar todo planejamento a equipe, como também, os resultados alcançados até o momento, e vou combinar como será o acompanhamento de cada objetivo a partir desse mês.
Recursos	Tenho executado a avaliação de desempenho da minha equipe, mais como uma obrigação ao RH, do que usá-la como uma ferramenta de gestão. Dificilmente, indico alguém da minha equipe para participar dos *workshops* oferecidos pela empresa.	Faltam apenas dois meses para a nova avaliação, irei aguardar esse tempo e fazer de forma correta. Irei identificar as necessidades, recursos e capacitação que cada colaborador da equipe necessita para melhorar seu desempenho.

Trabalho em Equipe	Procuro trabalhar em equipe, peço sugestões para a equipe, tomo decisões em conjunto envolvendo-os no processo, e estou sempre à disposição com a prática de portas abertas.	Continuar com essas atitudes e buscar auxílio do RH para desenvolver um trabalho específico para a minha equipe de acordo com as necessidades apontadas na avaliação de desempenho.
Erros e Acertos	Não sou do tipo de arriscar, gosto de ter certeza de tudo que faço para não cometer erros; é da minha natureza, possivelmente oriunda das gerações anteriores, mas sei que mais de 75% dos meus colaboradores são da geração "Y". É necessário fazer alguma coisa que não sei bem o que.	Conversar com o Paulo Schmitt gerente de RH, para ver o que ele tem de literatura sobre essa nova geração e o que ele me recomenda.
Aprendizagem	Com tantos cursos que fiz e a experiência que tenho, achei que detinha um bom manancial e capacitação. E estou enxergando que nem tudo que sei está atualizado, mas ainda não estou convencido de que jogando golfe posso aprender muita coisa.	Após esse *workshop*, farei uma análise criteriosa sobre o aprendizado, e verei como fica.
Inteligência Emocional	Ocorrem algumas instabilidades emocionais, pela amizade com a equipe, deixando o racional em segundo plano algumas vezes.	A cada assunto tratado deverá ser avaliado a carga emocional embutida juntamente com os fatos reais, buscando o equilíbrio de forma pensada e estratégica.
Tomada de Decisão	As avaliações para tomada de decisão são superficiais, uso demasiadamente o instinto e a confiança nas experiências anteriores, sem avaliar todas as variáveis.	Colocar no papel as vantagens e desvantagens das alternativas da ação, para equilibrar o planejamento, o emocional e a decisão a ser tomada.

Confiança	Acredito que para os comportamentos: *Fale francamente; Demonstre respeito; Seja leal; Produza resultados; Pratique a responsabilidade; Cumpra as promessas; Confie em si,* estou atuando com consciência e espero ser visto desta forma pela equipe.	Com as explicações do *workshop*, necessitarei rever urgentemente os seguintes comportamentos: *Corrija os erros; Aperfeiçoe-se; Enfrente a realidade; Esclareça as expectativas;Escute ativamente; Crie transparência.* Vou solicitar para o RH uma pesquisa com a minha equipe sobre todos os comportamentos e ter a certeza de como sou visto e como me vejo, para montar um plano de ação e conquistar definitivamente a confiança da minha equipe e superiores.
Menos é mais	Sempre trabalhei no sentido do que fazer e nunca em "o que não fazer", e no que deveriam "parar de fazer". Colocar a pessoa certa no barco, tirar as pessoas erradas, disciplina inteligente e como estou sobre humildade, simplicidade, fé e disciplina de um líder nível 5 deverá ser repensado.	Vou incluir essas duas colunas no meu planejamento estratégico. Acredito que o meu superintendente irá gostar! Dependendo dos instrumentos a serem indicados pelo RH, conseguirei mapear essas competências e agir sobre os pontos de melhoria.
Execução	Em qual nível estou fazendo as coisas acontecerem? Será que estou de fato inspirando e dando exemplos para formar uma cultura de execução no meu departamento? Tenho diversos indicadores, mas será que estou utilizando como mapa para corrigir a rota? Estou inseguro das respostas!	Como não sei bem como conduzir esse assunto, vou tentar buscar alguma orientação com o meu superintendente. Quem sabe ele consiga me orientar e mostrar o caminho certo!

Hábitos	Adorei o resumo de quanto mais proativo você for (Hábito 1), mais eficaz será no exercício de sua liderança pessoal (Hábito 2) e no gerenciamento de sua vida (Hábito 3). Quanto mais eficácia no gerenciamento de sua vida (Hábito 3), mais afiado será o seu instrumento (Hábito 7). Quanto mais você procurar primeiro compreender (Hábito 5), mais eficaz será na busca de soluções sinérgicas para o Ganha – Ganha (Hábitos 4 e 6). Quanto mais você se aprimorar nos hábitos que levam a independência (Hábitos 1, 2 e 3), mais eficaz será em situações interdependentes (Hábitos 4,5 e 6). E a renovação (Hábito 7) é o processo de revitalizar todos os outros hábitos. Devo fazer dessa receita de hábitos uma prática.	Vou reler o livro e desenvolver um cartãozinho, que caiba no meu bolso com um resumo dos 7 hábitos para ler todos os dias, e mais do que isso, colocar em prática um dos sete hábitos no dia da leitura.
A Grandeza	Normalmente enxergo a pessoa como um profissional e ponto. Mas está evidente de que o conceito de Pessoa Integral é importante para o meu estilo de liderança. A paixão com esse prisma de sair do caminho das pessoas e ajudá-las quando isso for solicitado, parece-me muito interessante e próximo do líder servidor.	A consciência, a visão, a disciplina estão contempladas nos outros planos de ação. Para a paixão, vou comprar amanhã mesmo o livro do líder servidor, reler *O 8º HH Hábito* e ver o que consigo, agregar nas minhas práticas para segunda-feira.

Após a conclusão das divergências e convergências com o superintendente, Marcio retornou a sua sala e marcou uma reunião com sua equipe para às 16h, informando que a pauta seria uma revisão e priorização das metas até o final do ano. Dando início a um novo ciclo de estilo de liderança, recheado com novos e eficazes paradigmas, resultando uma nota 9,5 na sua avaliação de desempenho do ano seguinte, e ainda um bônus gordo que lhe rendeu a troca do seu carro e uma viagem de férias com a família para a Disney.

Na véspera do Natal, ele recebeu a ligação do Anderson, felicitando-o, mas como de costume, ele não se conteve e perguntou:

— Marcio, diga-me uma coisa! Você conseguiu colocar em prática tudo o que havia escrito nas suas Práticas para Segunda-feira daquele curso com golfe?

Após alguns segundos e um suspiro profundo, Marcio respondeu.

— Querido amigo, estou muito feliz com a minha equipe e os resultados que alcançamos. Sei que a principal lição de tudo que passamos é a frase que estava escrita no *slide* do início do curso!

— Não me lembro qual era a frase Marcio, acho que não anotei essa!

— É simples Anderson, a frase é:

"Você erra todas as tacadas que não dá".

Feliz Natal e Ano Novo a você e toda sua família.

Apêndice — Conhecendo o Golfe:

Origem, Peculiaridades e Glossário

Para que esse livro possa ser saboreado prazerosamente, é fundamental conhecer o jogo de golfe e suas peculiaridades. Essa introdução facilitará a compreensão das histórias, os apontamentos, as situações e as palavras desconhecidas para quem não está familiarizado com o tema, e "ainda" não pratica esse fantástico e vicioso esporte. De forma simples e sintética, abordarei o essencial sobre o golfe e o mínimo para a compreensão desse livro. Se a curiosidade for maior do que a leitura desse capítulo, recomendo uma visita ao campo de golfe mais próximo da sua casa, mesmo que essa empreitada exija uma pequena viagem. Tenho certeza de que você terá momentos inesquecíveis junto à natureza e sua família.

A Origem

Existem muitas controvérsias, pelos apaixonados e estudiosos do golfe, sobre o nascedouro do esporte. Como a ideia é ser sucinto, a que mais me parece lógica é que o golfe nasceu na Escócia, nos anos de 1400. Está documentado que, em 1457 o parlamento escocês acatou a ordem do rei James II proibindo sua prática, por considerar o golfe um divertimento que afetava os interesses do país, devido à dedicação e ao tempo que o jogo exigia do cidadão.

O jogo também é citado em escritos dos séculos XVII e XVIII com o nome de "paganica", praticado pelos romanos que utilizavam uma bola de couro e uma vara curta. Há quem acredite que o golfe nasceu do "jeu mail", antigo esporte francês assemelhado, praticado em espaços fechados.

As Regras

O golfe contem diversas regras, mas foi no século XVIII em 1744, na cidade de Edimburgo, na Escócia, que as regras do jogo foram definidas e mantidas, praticamente as mesmas, até hoje. A regra que mais me encanta é a da possibilidade de um jogador experiente poder jogar com um iniciante, em razão da engenharia matemática aplicada no sistema de *handicap*, que são tacadas de bonificação dadas ao menos experiente, para serem descontadas ao término do jogo.

Imagine você, um jogador de golfe, com pouca experiência, simplesmente poder jogar com o Tiger Woods, o melhor do mundo, de igual para igual! Explicarei isso, detalhadamente, mais adiante.

A palavra GOLFE

A palavra golfe é originária do alemão *Kolb*. Sua tradução literal significa taco.

O Objetivo do Jogo

Uma partida de golfe consiste em sair de um local determinado (*tee*), em campo aberto, e lançar a bola aos buracos, estrategicamente dispostos em distâncias variadas, com uso exclusivo dos tacos. Vence a competição quem totalizar o menor número de tacadas, ao término dos 18 buracos. Reza a lenda que, o campo de golfe tem 18 buracos porque a garrafa de whisky tem 18 doses. Os escoceses só terminavam o jogo quando a garrafa terminava, tomando uma dose a cada buraco. Fico imaginando o estado etílico em que terminavam o jogo!

O Adversário

No golfe não existe adversário humano, somente os obstáculos naturais do campo e as intempéries. O outro jogador ou jogadores que acompanham os 18 buracos nada podem fazer para dificultar ou atrapalhar o seu desempenho. O resultado dependerá totalmente da sua própria *performance*. O golfe pode ser jogado individualmente ou em grupo de dois, e no máximo quatro participantes.

O Equipamento

É um mito que os equipamentos e os recursos para jogar golfe são caros, e somente os milionários podem praticá-lo. Com 300 dólares, você poderá ter um equipamento completo para iniciar o seu treino. São 13 tacos que cada golfista pode carregar em sua bolsa, sendo três madeiras (*Driver*, nº 3 e nº 5), tacos para distâncias maiores; sete tacos de ferro (nº 3 ao nº 9) para tacadas longas e médias; *pitch* e *sandwedge* para tacadas curtas de aproximação ao *green* e um *putter* para tacadas dentro do *green*, finalizando com a bola dentro do buraco.

Para estar devidamente apto a entrar no campo de golfe, você deverá ter bolinhas, *tee* (pinos de madeira ou plástico para suspender a bola) e marcador (para marcar o local da bola que esteja atrapalhando a tacada do outro jogador dentro do *green*).

A Bola

A bola de golfe contém 336 cavidades, pesa 45,93 gramas e seu diâmetro é de 42,67 mm. A superfície irregular da bola ajuda a estabilizar o seu voo.

Em termos de distância e velocidade, a referência é o profissional Mike Austin que, em 1974, no Winterwood Golf Course (Las Vegas), bateu um drive de 515 jardas, a uma velocidade de 155 milhas por hora, recorde de distância mantido até hoje. Como comparativo, no aspecto de velocidade, o Tiger Woods atinge 120 m.p.h em seu *drive*.

A Vestimenta

No golfe existe um código de vestimenta para manter a elegância e padrão que o esporte merece. O homem pode usar bermuda, camisa sem cava, preferencialmente tipo polo, por dentro do cinto, e calças de qualquer tecido, exceto jeans.

As mulheres não podem usar saias, bermudas ou decotes com cortes reveladores de partes de seus atributos íntimos. O fato de seguir rigorosamente as regras básicas não significa que a elegância está automaticamente garantida.

Um golfista que combina uma camiseta verde limão com uma calça vermelha e sapatos brancos, estará dentro do código de vestimenta, mas totalmente fora dos padrões visuais que costumam ser suaves aos olhos das pessoas.

O sapato deve ser adequado para um jogo em campo de grama natural, com travas para fixar os pés no momento do *swing*. Como o jogo é praticado durante o dia, ao ar livre, normalmente usa-se um boné ou chapéu para se proteger do sol.

Para não haver o perigo de o taco escorregar, utiliza-se uma luva na mão esquerda para os destros, confeccionada em couro ou material sintético.

O Campo

O golfe é ótimo para manter a forma, caminha-se de 6 a 7 quilômetros em uma partida. Normalmente o percurso é jogado, aproximadamente, em 4 horas para ser concluído. Um campo de golfe ocupa de 500 mil a 1 milhão de metros quadrados, e é considerado um esporte ecológico, por colocar o homem em contato com a natureza com estimulo à preservação das árvores, vegetação e animais típicos de cada região.

Na grande maioria dos campos de golfe, a medida utilizada é a "jarda". A jarda era originalmente a medida do cinturão masculino, que recebia esse nome. No século XII, o rei Henrique I, da Inglaterra, fixou a jarda como sendo a distância entre o seu nariz e o polegar do seu braço estendido, sendo hoje 1 jarda o equivalente a 91,4 centímetros.

A Amizade

O golfe é excelente para ampliar o ciclo de amizade, promover e inspirar a socialização. Diversas empresas incluem a prática de golfe como habilidade de seus executivos, uma vez que grandes e bons negócios têm início nos campos de golfe.

O Jogador

O golfe é a luta do homem com o seu equilíbrio emocional e sua capacidade de superar obstáculos. Um piloto contava que jogar golfe tem muito a ver com pilotar um avião com segurança. É necessário ter a máxima informação sobre o vento, sobre as condições do terreno, sobre a velocidade da tacada e *swing*. Quando se toma uma decisão, no caso, sobre o tipo de taco e qual efeito deseja aplicar na bola, é preciso muita precisão. Jogar golfe também nos faz voar.

O bom jogador de golfe tem um perfil peculiar com competências e habilidades fundamentais para o sucesso nas tacadas e no jogo como: foco; determinação; confiança;

concentração; talento; persistência; estratégia, resiliência e inteligência emocional.

Glossário Básico do Golfe

O linguajar do golfe, por sua origem, tem um vocabulário fortalecido pela língua inglesa. Por ser importante a correta compreensão dos termos contidos nesse livro, escolhi as principais palavras para seu conhecimento, listando um pequeno glossário do golfe para sua consulta no decorrer da leitura:

Air Shot: errar completamente a bola ao fazer o *swing*.
Approach: tacada que leva ao *green*, geralmente em distância entre 100 e 150 jardas do buraco.
Buggy: carro de golfe utilizado para se deslocar no campo.
Bunker: bancos de areia que servem como obstáculo.
Caddie: pessoa que acompanha o jogador, levando a bolsa de tacos e, por vezes, dando indicações de como deverá ser jogado cada buraco e caídas no *green*.
Drive: primeira tacada a partir do *tee*. É também o nome do taco usado para tacadas de longa distância.
Driving range – campo de prática para tacadas de longo alcance.
Fairway: região central do campo, entre o *tee* e o *green*.
Ferros:tipo de tacos mais utilizado no golfe, indo desde o nº 1 ao nº 9. O conjunto desses tacos chama-se *set*.
Green: área onde fica o buraco, onde a grama é fina, compacta e aparada rente ao solo.
Gross: soma de tacadas.
Hazard: obstáculo de água ou areia.
Handicap: tipo de pontuação que mede o aproveitamento de cada golfista, sendo subtraído do total de tacadas. É usado para igualar dois jogadores de níveis diferentes. Um iniciante recebe *handicap* 40, e um profissional *handicap* zero.

Hole: buraco sinalizado por uma bandeira colorida.
Hole-in-one: acertar o buraco com uma única tacada. O *hole-in-one* é o momento mágico do golfe. Nos tempos antigos, era tradicional tocar um sino na sede do clube a cada *hole-in-one* feito no campo, e o autor da proeza pagava a comemoração no bar. Hoje, em muitos clubes, a tradição é mantida e, como prevenção, muitos jogadores fazem seguro para cobrir as despesas. A tradição sugere conferir um diploma ao autor do *hole-in-one* e registrar em quadro na sede e na federação.
Madeiras: tacos com fim redondo, que dão mais distância à bola, mas menos precisão do que os ferros.
Mulligan: nome que se dá à segunda bola quando se falha a primeira pancada do *tee* de saída e os companheiros do jogo deixam jogar outra bola.
Net: soma de tacadas descontando-se o *handicap*.
Par: referência da média de tacadas para embocar a bola. Cada buraco tem seu par. A soma do par de todos os buracos do campo estabelece o Par do Campo.
Putt: tacada no *green* para atingir o buraco. O taco para esse tipo de jogada chama-se *putter*.
*Puttinggreen:*campo de prática para tacadas de curto alcance.
Rough: local de grama mais alta e difícil de jogar, geralmente perto de árvores e arbustos.
Score card – cartão que o jogador deverá levar sempre para o campo, e onde aponta a quantidade de tacadas de cada buraco.
Scratch: categoria onde não há desconto de handicap.
Stance: posição do jogador no momento da tacada e a distância entre seus pés.
Stroke – grau de dificuldade de cada buraco. Vai de 1 a 18 (stroke 1 é o mais difícil, stroke 18 é o mais fácil).
Swing: o conjunto do movimento corpo, braços e mãos para dar a tacada.
Tee: local onde é dada a primeira tacada em cada buraco.

Também é o nome do pino de plástico ou madeira que sustenta a bola na primeira tacada em cada *tee*.
Yards: jardas. No golfe, as distâncias são medidas em jardas. Cada jarda equivale a 91,4 cm.

"Se quiser vencer, visualize sempre tacadas vencedoras. Você não vai vencer se não aprender a pensar como um vencedor."

Sam Snead.

Referências Bibliográficas

Bossidy, Larry; Charan, Ram. *Execução: a disciplina para atingir resultados*. Rio de Janeiro: Editora Elsevier, 2005.

Chopra, Deepak. *Golfe: sete lições para o jogo da vida*. Rio de Janeiro: Editora Rocco, 2008.

Collins, Jim. *Empresas feitas para Vencer*. Rio de Janeiro: Editora Elsevier, 2006.

Covey, Stephen M. R. *O poder da confiança: o elemento que faz toda diferença*. Rio de Janeiro: Editora Elsevier, 2008.

Covey, Stephen R. *O 8º Hábito: da eficácia à grandeza*. Rio de Janeiro: Editora Elsevier, 2005.

Covey, Stephen R. *Os 7 Hábitos das pessoas altamente eficazes*. Rio de Janeiro: Editora Best Seller, 2006.

Fernandes, Maury Cardoso. *Intuição com amor: você encontra quando menos espera*. Rio de Janeiro: Editora Qualitymark, 2005.

Frenette, Marco. *A Etiqueta do Golfe: elegância e educação em campo, produto da revista Golf Life*. Editora Siquini, Confederação Brasileira de Golfe, 2010.

Goleman, Daniel. *Inteligência Emocional: a teoria revolucionária que redefine o que é ser inteligente*. Rio de Janeiro: Editora Objetiva, 2006.

Lyles, Richard I. *Hábitos vencedores: quatro segredos que irão mudar a sua vida*. Trad.: Rosana Telles. São Paulo: Editora Landscape, 2004.

Piernes, Nicanor Guillermo. Tacadas *da vida: razões para jogar e sentir o golfe*. Curitiba: Edição do autor, 2004.
Piernes, Nicanor Guillermo. *Liderança e golfe: o poder do jogo na vida*. São Paulo: Editora Paradiso, 2007.
Regras do Golfe, 31ª ed., Confederação Brasileira de Golfe, 2008.
Tranjan, Roberto Adami. *Metanóia, uma história de tomada de decisão que fará você rever seus conceitos*. São Paulo: — Editora Gente, 2002.
Souza, César. *A Neoempresa: o futuro da sua carreira e dos negócios no mundo em reconfiguração*. São Paulo: Editora Integrare, 2012.
Penick, Harvey. *O pequeno livro vermelho de golfe*. Rio de Janeiro: Editora Nórdica, 1992.

Fale Conosco!

VOCÊ acabou de ler o livro, e as únicas perguntas que faço são:

— O que você aprendeu?
— O que você colocará em prática?

Ficarei muito feliz se você dedicar alguns minutos enviando-me suas respostas, opiniões, sugestões e *feedback*. Convido você a visitar os meus sites e conhecer meu trabalho, minhas realizações, meus clientes e os depoimentos que recebi.

Sites:
www.jeffersonleonardo.com.br
www.inovativa.net

E-mails:
jeffersonleonardo@hy.com.br
jleonardo@gramadosite.com.br

Telefones:
(54) 9978-3816
(51) 3542-2151